ROLAND WENIG

Die gesetzeskräftige Feststellung einer allgemeinen Regel des Völkerrechts durch das Bundesverfassungsgericht

Schriften zum Öffentlichen Recht

Band 158

Die gesetzeskräftige Feststellung einer allgemeinen Regel des Völkerrechts durch das Bundesverfassungsgericht

Von

Dr. Roland Wenig

DUNCKER & HUMBLOT / BERLIN

Alle Rechte vorbehalten
© 1971 Duncker & Humblot, Berlin 41
Gedruckt 1971 bei Richard Schröter Berlin 61
Printed in Germany
ISBN 3 428 02455 9

Vorwort

Die vorliegende Arbeit wurde im Februar 1970 abgeschlossen und lag im Sommer desselben Jahres der Juristischen Fakultät der Universität Heidelberg als Dissertation vor.

Das 4. Gesetz zur Änderung des Gesetzes über das Bundesverfassungsgericht vom 21.12.1970 konnte im Text nicht mehr berücksichtigt werden. Dieses Gesetz hat jedoch, auch soweit es die für die nachstehenden Erörterungen zentrale Vorschrift des § 31 Abs. II BVGG betrifft, keine Änderungen gebracht, die eine inhaltliche Umgestaltung oder Ergänzung der Arbeit notwendig gemacht hätten.

Für die Anregung zu dieser Arbeit und ihre freundliche Förderung möchte ich an dieser Stelle Herrn Professor Dr. Karl Doehring meinen Dank aussprechen.

Mein Dank gilt außerdem Herrn Ministerialrat a. D. Dr. Johannes Broermann, der die Veröffentlichung meiner Arbeit durch deren Aufnahme in sein Verlagsprogramm ermöglicht hat.

Heidelberg, im März 1971

Roland Wenig

Inhaltsverzeichnis

Einleitung 11

Erstes Kapitel

Das Verfahren nach Artikel 100 Abs. II des Grundgesetzes 18

I. Die Inkorporation der allgemeinen Regeln des Völkerrechts durch Artikel 25 GG 19
  1. Die allgemeinen Regeln des Völkerrechts 23
    a) Das Völkergewohnheitsrecht 24
    b) Die allgemeinen Rechtsgrundsätze 25
    c) Das Völkervertragsrecht 27
    d) Die Beschlüsse der Generalversammlung der Vereinten Nationen als Völkerrechtsquelle 31
  2. Der Rang der allgemeinen Regeln des Völkerrechts in der innerstaatlichen Rechtsordnung 35
  3. Zusammenfassung 41
II. Die verfahrensrechtlichen Voraussetzungen einer Vorlage nach Artikel 100 Abs. II GG 42

Zweites Kapitel

Die Rechtsnatur der Normenqualifikationsentscheidungen 46

Drittes Kapitel

Die Wirkungen der Normenqualifikationsentscheidungen 51

I. Externe Wirkungen 51
II. Interne Wirkungen 52
  1. Die Gesetzeskraft von Normenqualifikationsentscheidungen gemäß § 31 Abs. II BVGG 53
  2. Die Bindungswirkung von Normenqualifikationsentscheidungen gemäß § 31 Abs. I BVGG 63
  3. Die Rechtskraft von Normenqualifikationsentscheidungen 70

Viertes Kapitel

Das Ausmaß der Geltung und der Wirkung gesetzeskräftiger Normenqualifikationsentscheidungen 77

I. Die Aufhebung oder Abänderung einer unrichtigen gesetzeskräftigen Normenqualifikationsentscheidung 80
   1. Aufhebung oder Abänderung einer gesetzeskräftigen Normenqualifikationsentscheidung durch den Gesetzgeber 83
   2. Aufhebung oder Abänderung einer gesetzeskräftigen Normenqualifikationsentscheidung durch das Bundesverfassungsgericht ... 86

II. Der Einfluß einer Veränderung der Völkerrechtsordnung auf die Wirkung gesetzeskräftiger Normenqualifikationsentscheidungen 90

Fünftes Kapitel

Die Gesetzeskraft gemäß § 31 Abs. II BVGG und ihr Verhältnis zu Artikel 25 GG (Schlußbetrachtung) 108

Literaturverzeichnis 112

Abkürzungsverzeichnis

Die Verfasser werden grundsätzlich nur mit ihrem Namen und der jeweiligen Band- und Seitenzahl ihrer Arbeit zitiert. Soweit mehrere Arbeiten desselben Verfassers verwandt worden sind, ist dem Namen ein unterscheidender Zusatz hinzugefügt. Der vollständige Titel läßt sich an Hand des Literaturverzeichnisses feststellen.

AG	= Ausführungsgesetz
AöR	= Archiv des öffentlichen Rechts
BayVerfGH	= Verfassungsgerichtshof für den Freistaat Bayern
BFH	= Bundesfinanzhof
BGBl	= Bundesgesetzblatt
BGH	= Bundesgerichtshof
BGH GSZ	= Bundesgerichtshof, Großer Senat in Zivilsachen
BGH St	= Entscheidungen des Bundesgerichtshofs in Strafsachen
BGH Z	= Entscheidungen des Bundesgerichtshofs in Zivilsachen
BRD	= Bundesrepublik Deutschland
BVerfG	= Bundesverfassungsgericht
BVerfGE	= Entscheidungen des Bundesverfassungsgerichts
BVerwG	= Bundesverwaltungsgericht
BVerwGE	= Entscheidungen des Bundesverwaltungsgerichts
BVGG	= Gesetz über das Bundesverfassungsgericht vom 12. 3. 1951
DÖV	= Die Öffentliche Verwaltung
DRiZ	= Deutsche Richterzeitung
DV	= Deutsche Verwaltung
DVBl	= Deutsches Verwaltungsblatt
FGG	= Gesetz über die Angelegenheiten der freiwilligen Gerichtsbarkeit vom 17. 5. 1898
FN	= Fußnote
GA	= General Assembly
GG	= Grundgesetz für die Bundesrepublik Deutschland vom 23. 5. 1949
GV	= Generalversammlung
GVG	= Gerichtsverfassungsgesetz vom 27. 1. 1877
HdbDStR	= Handbuch des Deutschen Staatsrechts
ICJ	= International Court of Justice
IGH	= Internationaler Gerichtshof
JIR	= Jahrbuch für Internationales Recht
JöR	= Jahrbuch des öffentlichen Rechts der Gegenwart
Jus	= Juristische Schulung
JZ	= Juristenzeitung
MDR	= Monatsschrift für Deutsches Recht

NDBZ	=	Neue Deutsche Beamtenzeitung
NF	=	Neue Folge
NJW	=	Neue Juristische Wochenschrift
NJW RzW	=	Rechtsprechung Neue Juristische Wochenschrift. Rechtsprechung zum Wiedergutmachungsrecht
OLG	=	Oberlandesgericht
OVG	=	Oberverwaltungsgericht
RdA	=	Recht der Arbeit
Rdnr.	=	Randnummer
RC	=	Recueil des Cours des l'Académie de Droit International
SJZ	=	Süddeutsche Juristenzeitung
StIGH	=	Ständiger Internationaler Gerichtshof
SVN	=	Satzung der Vereinten Nationen
UNICO	=	Documents of the United Nations Conference on International Organisation
VN	=	Vereinte Nationen
VwGO	=	Verwaltungsgerichtsordnung vom 21. 1. 1960
VVDStRL	=	Veröffentlichungen der Vereinigung der Deutschen Staatsrechtslehrer
WRV	=	Verfassung des Deutschen Reichs vom 11. 8. 1919 (Weimarer Reichsverfassung)
ZaöRV	=	Zeitschrift für ausländisches öffentliches Recht und Völkerrecht
ZBR	=	Zeitschrift für Beamtenrecht
ZPO	=	Zivilprozeßordnung vom 30. 1. 1877
ZZP	=	Zeitschrift für Zivilprozeß

Einleitung

Die gegenwärtige Praxis der internationalen Staatengemeinschaft läßt keinen Zweifel daran, daß die Staaten das Verhältnis von Völkerrecht und Staatsrecht im Sinne des Dualismus, nicht jedoch des Monismus interpretieren[1]. Es ist deshalb davon auszugehen, daß Völkerrecht und Staatsrecht als autonome Rechtsordnungen nebeneinanderstehen, und das Völkerrecht von sich aus keine rechtlichen Wirkungen auf innerstaatliche Rechtsordnungen auszuüben vermag; es sei denn, ein völkerrechtlicher Vertrag enthalte eine entsprechende Verpflichtung.

Völkerrechtswidrige innerstaatliche Akte der nach der internen Kompetenzverteilung zuständigen Staatsorgane sind daher nicht deshalb unwirksam, weil sie mit dem Völkerrecht kollidieren[2].

Das will jedoch nicht heißen, daß es dem Völkerrecht gleichgültig ist, ob die innerstaatliche Rechtsordnung ihm entspricht oder nicht. Vielmehr sind die Staaten auf Grund des Völkerrechts gehalten, Widersprüche zwischen ihren völkerrechtlichen Verpflichtungen und ihrem staatlichen Recht zu vermeiden.

Kommt es dennoch zu einem solchen Widerspruch, dann zieht das die völkerrechtliche Verantwortung[3] des Staates nach sich, welche dieser auch nicht dadurch umgehen kann, daß er auf sein nationales Recht verweist, mit dem der völkerrechtswidrige Akt übereinstimmt[4]. Denn es ist Sache des Staates, seine Rechtsordnung in der Weise zu gestalten, daß er seinen völkerrechtlichen Verpflichtungen in Übereinstim-

---

[1] Vgl. *Mosler*, Problèmes Contemporains de Droit Comparé, Bd. I, 1963, S. 163: „Sie (die internationale Gemeinschaft) beruht ... auf den gleichgeordneten juristisch souveränen Staaten." Ebenso *Sørensen*, S. 125 f., nach dem im gegenwärtigen Völkerrecht kein Gewohnheitsrechtssatz aufzufinden ist, „qui obligerait les Etats à une solution du type moniste". Auch das BVerfG scheint von einer dualistischen Konzeption auszugehen: BVerfGE 4/162, 6/294 f., 15/33 f.

[2] Es ist dabei ohne Bedeutung, ob es sich um Staatsakte aus dem Bereich der Gesetzgebung, der Verwaltung oder Justiz handelt. Solange sie mit der internen Rechtsordnung im Einklang stehen, wird ihre Wirksamkeit nicht dadurch berührt, daß sie dem Völkerrecht widersprechen. Vgl. z. B. *Mosler*, RC Bd. 91, 1957 I, S. 630 und StIGH Entscheidung vom 25. 5. 1926 (Série A/No 7), ebenso *Sørensen*, S. 112.

[3] Der Staat ist dann verpflichtet, den dem Völkerrecht nicht entsprechenden staatlichen Akt, bzw. dessen Folgen zu beseitigen. Vgl. *Verdross*, RC Bd. 30, 1929 V, S. 355.

[4] *Sørensen*, S. 125 f.; *Kimminich*, S. 500.

mung mit ihr nachkommen kann[5]; sie also dem Völkerrecht nicht widerspricht.

Welche Mittel der Staat bei der Ausgestaltung seiner Rechtsordnung ergreift, um dieses Ziel zu erreichen, steht in seinem Belieben; das Völkerrecht legt ihm insoweit keinerlei Verpflichtungen auf[6], falls vertraglich nichts anderes vereinbart ist.

Um die Übereinstimmung zwischen innerstaatlichem Recht und allgemeinem Völkerrecht zu gewährleisten, hat die BRD durch die Aufnahme des Art. 25 GG in ihre Verfassung einen Weg gewählt, der sich durch seine betonte Völkerrechtsfreundlichkeit auszeichnet[7].

Andere Staaten haben ähnliche Wege eingeschlagen, um dem Völkerrecht, welches sonst keine Möglichkeit hat, die staatlichen Souveränitätsschranken zu überwinden, Eingang in ihre nationale Rechtsordnung zu verschaffen und damit einen Einklang zwischen diesem und dem Staatsrecht zu erreichen[8].

Bei einem Vergleich zeigt sich jedoch, daß die dem Art. 25 GG entsprechenden Verfassungsbestimmungen anderer Staaten dem Völkerrecht weit weniger Einfluß auf das innerstaatliche Recht einräumen als diese Norm der deutschen Verfassung.

Auch der anglo-amerikanische Gewohnheitsrechtssatz *international law is part of the law of the land*[9], der zunächst den Anschein entschiedener Völkerrechtsfreundlichkeit erweckt, ist durch restriktive Auslegung seitens englischer Gerichte, welcher man sich auch in den Vereinigten Staaten angeschlossen hat, in seiner Bedeuutng weitgehend abgeschwächt worden.

Die englische Gerichtspraxis tendiert dahin, eine Regel des Völkerrechts in einem Rechtsstreit vor einem nationalen Gericht nur dann anzuwenden, wenn diese nicht im Widerspruch steht zu einem Akt des Parlaments oder einer Norm des englischen Gewohnheitsrechts[10]. Im

---

[5] *Maunz-Dürig*, Art. 25 GG, Rdnr. 10; *Mosler*, Problèmes Contemporains de Droit Comparé, Bd. I, 1963, S. 171 f.
[6] *Sørensen*, S. 125 f.; *Verdross*, a.a.O., S. 464 f. Vgl. auch *Menzel*, Jus 1963, S. 47.
[7] *de Visscher*, S. 532 f., nennt den mit Art. 25 GG i. V. m. Art. 100 Abs. II GG eingeschlagenen Weg „le degré d'internationalisme le plus avancé qui se puisse concevoir".
[8] Art. 9 der Verfassung von Österreich (1920), Art. 4 der Verfassung von Estland (1920), Art. 7 der Verfassung von Spanien (1931), Art. 7 Abs. II der Verfassung von Kuba (1940), Art. 6 der Präambel der venezolanischen Verfassung (1947), Art. 14 der französischen Verfassungspräambel (1946), Art. 10 Abs. I der italienischen Verfassung (1947) und Art. 6 Abs. II der Verfassung der Vereinigten Staaten (1787). Einige der genannten Verfassungsnormen finden sich im Wortlaut bei *Menzel*, Bonner Kommentar, Art. 25 GG, S. 18 f.
[9] Zum Inhalt dieser Rechtsparömie vgl. *Walz*, S. 275 ff.
[10] Siehe dazu *Halsbury*, S. 504: "they (die Regeln des Völkerrechts) are applied by municipal courts, so long as they are not in conflict with an act of Parliament, or a rule of common law.". Vgl. auch *Kimminich*, S. 497.

übrigen wird eine Völkerrechtsregel im anglo-amerikanischen Rechtskreis nur dann als Bestandteil der internen Rechtsordnung angesehen, wenn sich aus einem staatlichen Akt ergibt, daß die betreffende Völkerrechtsnorm in das innerstaatliche Recht Englands oder der Vereinigten Staaten aufgenommen worden ist[11].

Art. 25 GG enthält eine Regelung nur für das allgemeine Völkerrecht, er bezieht sich hingegen nicht auf das besondere Völkerrecht, das Völkervertragsrecht[12]. Dieses allgemeine Völkerrecht, worunter hauptsächlich das Gewohnheitsvölkerrecht zu verstehen ist, wird auf Grund des Art. 25 GG zu einem „Bestandteil des Bundesrechtes", was zur Folge hat, daß es als solches Einfluß auf das innerstaatliche Rechtsleben auszuüben vermag, und es innerhalb der Grenzen der BRD von jedermann beachtet werden muß.

Durch diese Eingliederung[13] in das innerstaatliche Recht verlieren die allgemeinen Regeln des Völkerrechts jedoch nicht ihren völkerrechtlichen Charakter, sie bleiben vielmehr auch als Bestandteil des Bundesrechts Völkerrecht.

Wenn eine allgemeine Regel des Völkerrechts im völkerrechtlichen Bereich entsteht, dann wird wegen Art. 25 GG ihre Geltung, die zunächst bei Zugrundelegung einer dualistischen Konzeption auf den

---

[11] Zum englischen Recht vgl. *Halsbury*, a.a.O.; Zum Recht der Vereinigten Staaten siehe *Wilson*, S. 14 ff.
[12] Dies soll weiter unten noch näher erörtert werden.
[13] Über die rechtliche Natur des Übernahmevorgangs besteht keine Einigkeit. Die Übernahme des Völkerrechts in das deutsche Recht versuchen die Transformationstheorie und die Vollzugslehre zu erklären (zur strengen Transformationstheorie vgl. *Triepel*, Völkerrecht und Landesrecht, S. 122; zur gemäßigten siehe *Rudolf*, S. 164 ff. Die Vollzugslehre wird erläutert bei *Partsch*, passim.). Auf die einzelnen Theorien soll hier nicht näher eingegangen werden, da es vom Gegenstand der Arbeit her nicht geboten ist und die verschiedenen Theorien im praktischen Ergebnis auch nicht so große Unterschiede aufweisen, wie man zunächst meinen könnte. Im übrigen scheint es auch nicht ratsam, sich für einen oder anderen Theorie anzuschließen, da in der Literatur schon hinsichtlich der Terminologie nur wenig Übereinstimmung herrscht. Während *Maunz* (Maunz-Dürig, Art. 25 GG, S. 5 f.) streng zwischen Inkorporation und Rezeption unterscheidet, bedeutet für *Stern* (Bonner Kommentar, Art. 100 GG, Rdnr. 215) beides das gleiche. *Menzel* (Bonner Kommentar, Art. 25 GG, S. 7 und Jus 1963, S. 47 ff.) wiederum spricht von Inkorporation der allgemeinen Regeln des Völkerrechts und meint damit die anglo-amerikanische Rechtsparömie *international law is part of the law of the land*, während *Rudolf* (S. 151 ff.) diese als Adoption versteht und *Maunz* (a.a.O.) hierfür den Terminus Adaption gebraucht. *Klein* (v. Mangoldt-Klein, Art. 25 GG, S. 679) schließlich meint, daß auch mit Inkorporation, Inkorporierung, Gesamt-Inkorporierung oder Rezeption gegenüber „der richtig verstandenen Transformation" nichts Neues ausgedrückt werde. Unter dieser Transformation versteht Klein eine Änderung des Geltungsbereichs der allgemeinen Regeln des Völkerrechts. Gerade das ist jedoch die Erklärung des Übernahmevorgangs durch die Vollzugslehre, vgl. *Partsch*, S. 156, These 4.

zwischenstaatlichen Bereich begrenzt ist, insoweit erweitert, als sie sich nun auch auf den innerstaatlichen Bereich der BRD erstreckt.

Daraus folgt jedoch nicht, daß die Völkerrechtsregel im staatlichen Bereich auch staatliches deutsches Recht wird[14]. Vielmehr bleibt sie auch im internen Rechtskreis ihrem Charakter nach Völkerrecht.

Ein anderes Ergebnis folgt weder aus dem Wortlaut des Art. 25 GG, denn wenn die allgemeinen Regeln des Völkerrechts „Bestandteil des Bundesrechtes" sind, dann sind sie zumindest nicht notwendig *Bundesrecht*[15], noch läßt es sich überhaupt mit ihm vereinbaren. Die Annahme nämlich, daß die Völkerrechtsregeln durch die Übernahme ihren Geltungsgrund verändern und zu deutschem Recht werden, ist kaum mit der wohl unbestrittenen Auslegung des Art. 25 GG vereinbar, wonach die allgemeinen Völkerrechtsregeln automatisch und perpetuierlich[16] Bestandteil des Bundesrechts werden und aus diesem auf gleiche Weise auch wieder ausscheiden, je nachdem welches Schicksal die einzelne Regel im völkerrechtlichen Bereich erleidet. Würde sich nämlich durch die Übernahme der Geltungsgrund der Völkerrechtsregel ändern und sie im deutschen Rechtskreis zu deutschem Recht werden, dann ist es unerfindlich, warum sie dennoch von etwaigen Änderungen im völkerrechtlichen Bereich betroffen werden soll. Bei dieser Sachlage würde die Regel vielmehr, auch wenn sie im Völkerrecht zu existieren aufhörte, im deutschen Rechtskreis weiterbestehen, denn da ihr Geltungsgrund die deutsche Rechtsordnung wäre, könnte die Regel nur von Änderungen betroffen werden, die in dieser begründet sind.

Daß sich dieses Ergebnis vom Zweck des Art. 25 GG her verbietet, bedarf keiner weiteren Begründung.

Die Übernahme der allgemeinen Regeln des Völkerrechts durch Art. 25 GG ändert daher deren Geltungsgrund, d. h. ihren Charakter als zwischenstaatliches Recht nicht[17].

Auch der Inhalt der Völkerrechtsregeln ändert sich durch ihre Übernahme in den innerstaatlichen Rechtskreis nicht. Nur in einer Beziehung tritt ein Wandel ein, und zwar führt Art. 25 Satz 2, 2. Halbsatz GG bei jenen Regeln, bei denen dies ohne Inhalts- und Sinnveränderung möglich ist, einen Adressatenwechsel herbei[18], wenn ein solcher für ihre innerstaatliche Anwendbarkeit erforderlich ist[19, 20].

---

[14] So aber die von *Triepel* in „Völkerrecht und Landesrecht" entwickelte Transformationstheorie, vgl. dort, S. 112.
[15] a. A. *Kimminich*, S. 500.
[16] Vgl. *Pigorsch*, S. 6, unter Berufung auf *Menzel*, Bonner Kommentar, Art. 25 GG, S. 9.
[17] *Mosler*, RC Bd. 91, 1957 I, S. 691: „Mais ces règles restent, suivant leur origine, droit international ..."
[18] Auf diesen Adressatenwechsel wird weiter unten noch näher einzugehen sein.

Die so inkorporierten[21] allgemeinen Regeln des Völkerrechts haben nun die Eigenart, daß sie ganz überwiegend nicht kodifiziert sind und sich daher ihr genauer Inhalt teilweise nur sehr schwer bestimmen läßt. Das damit angesprochene Problem, nämlich welchen staatlichen Organen die Interpretationsbefugnis hinsichtlich des inkorporierten allgemeinen Völkerrechts zusteht, wurde in den einzelnen Staaten auf verschiedene Weise gelöst.

In den Vereinigten Staaten müssen die Gerichte, wenn sie über eine völkerrechtliche Frage zu entscheiden haben, eine Stellungnahme des State Departments einholen. An diese sind sie nur hinsichtlich der tatsächlichen, nicht jedoch der rechtlichen Feststellungen gebunden.

In Frankreich sind die Gerichte verpflichtet, ein Gutachten der Regierung einzuholen, und sie sind daran gebunden, wenn ihre Entscheidung Auswirkungen auf die internationalen Beziehungen haben kann.

In Italien, den Niederlanden und auch Deutschland sind die Gerichte hingegen nicht verpflichtet, Stellungnahmen der Regierung einzuholen, wenn sie in einem bei ihnen anhängigen Rechtsstreit über Fragen des Völkerrechts zu entscheiden haben.

Stellt sich also einem deutschen Gericht im Verlauf eines Rechtsstreits die Frage, ob eine allgemeine Regel des Völkerrechts im Sinne von Art. 25 GG Bestandteil des Bundesrechts ist und welchen spezifischen Inhalt diese Regel hat, dann hat das Gericht zunächst die Befugnis, über diese Frage selbst zu entscheiden, ohne an die Meinung anderer Staatsorgane gebunden zu sein.

Diese Interpretationsbefugnis der deutschen Gerichte hinsichtlich des inkorporierten, unkodifizierten allgemeinen Völkerrechts birgt im hohen

---

[19] Im Gegensatz hierzu nimmt *Rudolf*, S. 164 ff. (171), der eine modifizierte Transformationstheorie vertritt, an, daß dieser Adressatenwechsel Folge des Transformationsaktes ist, womit er notwendigerweise zu dem Ergebnis kommt, daß Art. 25 Satz 2, 2. Halbsatz GG nur deklaratorischer Natur ist. Die Vertreter der Vollzugslehre müssen zur Frage des Adressatenwechsels keine Stellung nehmen, da sie nur solche Völkerrechtsregeln für *vollziehbar* halten, „die sich ihrem Inhalt nach an innerstaatliche Rechtsanwendungsorgane und Rechtsunterworfene wenden", vgl. *Partsch*, S. 20.

[20] Der Anwendungsbefehl (Art. 25 GG) hat also die Funktion, den allgemeinen Regeln des Völkerrechts Eingang in die deutsche Rechtsordnung zu verschaffen, indem er diesen Normen gegenüber die staatlichen Souveränitätsschranken öffnet.
Darüber hinaus hat er aber auch insoweit materiellen Gehalt, als er für eine bestimmte Gruppe von Völkerrechtsregeln einen Adressatenwechsel vornimmt, und zwar auf Grund des 2. Halbsatzes von Satz 2. Im Gegensatz hierzu spricht die Vollzugslehre dem Art. 25 GG jeden normativen Charakter ab, vgl. dazu *Partsch*, S. 22.

[21] Wie man den Übernahmevorgang bezeichnet ist nur von untergeordneter Bedeutung. Der Terminus Inkorporierung wird jedoch anderen Begriffen vorzuziehen sein, da er nicht, wie *Mosler* (Das Völkerrecht in der Praxis der deutschen Gerichte, S. 7) im Hinblick auf den Begriff ‚Transformation' meint, mit einer theoretischen Hypothek belastet ist.

Maße die Gefahr einer divergierenden Rechtsprechung in sich, was in Anbetracht der potentiellen Auswirkungen der Entscheidungen auf die internationalen Beziehungen besonders unerfreulich ist.

Wohl im Bewußtsein dieser Gefahr, und um die sich im Grundgesetz manifestierende „betonte Völkerrechtsfreundlichkeit und stärkere Öffnung des nationalen Rechts gegenüber dem Völkerrecht"[22] auch in verfahrensrechtlicher Hinsicht zu sichern, hat der Verfassungsgeber den Art. 100 Abs. II GG geschaffen.

Auf Grund dieser Verfassungsnorm ist jedes Gericht, das über eine im Zusammenhang mit Art. 25 GG stehende völkerrechtliche Frage zu entscheiden hat, verpflichtet, diese Frage, ist sie zweifelhaft, dem Bundesverfassungsgericht zur Entscheidung vorzulegen.

Darüber hinaus hat der Gesetzgeber in konsequenter Fortsetzung des mit Art. 100 Abs. II GG verfolgten Zweckes die Entscheidungen des Bundesverfassungsgerichts über eine allgemeine Regel des Völkerrechts in die Reihe der Entscheidungen aufgenommen, denen nach § 31 Abs. II BVGG Gesetzeskraft zukommt. Damit wurde erreicht, daß diese Bundesverfassungsgerichtsentscheidungen nicht nur für das vorlegende, sondern für sämtliche Gerichte, ja ganz allgemein für jedermann innerhalb ihres räumlichen Geltungsbereichs verbindlich sind.

Es bestehen jedoch ernsthafte Zweifel, ob mit der Einrichtung der Zuständigkeit des Bundesverfassungsgerichts zur gesetzeskräftigen Feststellung der Zugehörigkeit einer allgemeinen Regel des Völkerrechts zum Bundesrecht dem von Art. 25 GG verfolgten Zweck ein Dienst erwiesen wurde.

Wurde schon von mancher Seite die Wirksamkeit des Verfahrens nach Art. 100 Abs. II GG selbst in Zweifel gezogen[23], so müssen auch Bedenken gegen die Allgemeinverbindlichkeit (§ 31 Abs. II BVGG) der Entscheidungen in diesem Verfahren angemeldet werden.

Geht man nämlich davon aus, daß die gesetzeskräftigen Entscheidungen des Bundesverfassungsgerichts auch in Zukunft ihre durch die Gesetzeskraft bedingte Allgemeinverbindlichkeit ohne Einschränkung behalten, wie das verschiedentlich behauptet wird[24], dann würde das die

---

[22] *Stern*, Bonner Kommentar, Art. 100 GG, Rdnr. 205.
[23] *Mosler*, Das Völkerrecht in der Praxis der deutschen Gerichte, S. 47; ders. RC Bd. 91, 1957 I, S. 700; ähnlich auch *Seidl-Hohenveldern*, Völkerrecht, Rdnr. 426.
[24] *Lechner*, S. 115; *Holtkotten*, Bonner Kommentar, Art. 93 GG, S. 30. Interessant ist in diesem Zusammenhang auch das Gespräch zwischen Walther von La Roche und dem Präsidenten des Bundesverfassungsgerichts Dr. Gebhard Müller, von welchem jener in „Der Bürger im Staat" 1966, S. 80 ff., berichtet. Müller habe u. a. gesagt (S. 86): „Ihre (der Richter des Bundesverfassungsgerichts) Entscheidungen sorgen dafür, daß *künftig* (Hervorheb. vom Verf.) auf dem entschiedenen Gebiet jeder einzelne und

Zementierung der durch die Entscheidung des Bundesverfassungsgerichts festgestellten Rechtslage zur Folge haben.

Da nun gerade in der heutigen Zeit das Völkerrecht in einer ständigen Veränderung begriffen ist, wodurch auch der Bestand der durch Art. 25 GG inkorporierten allgemeinen Regeln des Völkerrechts einem andauernden Wechsel unterworfen ist, könnte der Fall eintreten, daß eine Völkerrechtsregel, deren Zugehörigkeit zum Bundesrecht das Bundesverfassungsgericht zunächst zutreffend gesetzeskräftig festgestellt hat, infolge eines die Existenz dieser Regel beendigenden Wandels im Völkerrecht wegen der perpetuierlichen und automatischen Inkorporierung des Art. 25 GG wieder aus der Rechtsordnung der BRD ausscheidet.

Auch der umgekehrte Fall ist denkbar, nämlich daß das Bundesverfassungsgericht zunächst zutreffend die Inkorporierung einer angeblichen allgemeinen Regel des Völkerrechts verneint hat, später aber eine solche entsteht und wegen Art. 25 GG auch zum Bestandteil des Bundesrechts wird.

Ist die Entscheidung des Bundesverfassungsgerichts auch in Zukunft verbindlich, dann tritt in den aufgezeigten Fällen die Situation ein, daß jedermann an die Entscheidung gebunden ist, diese aber mit der tatsächlich gegebenen Rechtslage nicht mehr übereinstimmt. Der durch Art. 25 GG geschaffene Bestand an allgemeinen Regeln des Völkerrechts innerhalb des Rechts der BRD wäre damit beeinträchtigt. Daß eine solche Wirkung gesetzeskräftiger Bundesverfassungsgerichtsentscheidungen nicht mit den Intentionen des Art. 25 GG vereinbar ist, ist offenbar.

Aufgabe der vorliegenden Arbeit wird es daher vor allem sein, das Wesen und die Wirkungen der gesetzeskräftigen Entscheidungen des Bundesverfassungsgerichts im Verfahren nach Art. 100 Abs. II GG zu untersuchen und ihr Verhältnis zu der von Art. 25 GG vorzunehmenden Inkorporierung des allgemeinen Völkerrechts zu klären. Zunächst muß jedoch eine Erörterung des Art. 25 GG und des Art. 100 Abs. II GG sowie ihrer wechselseitigen Beziehungen vorausgeschickt werden, da die Erkenntnis der Eigenart und der Funktion dieser beiden Verfassungsbestimmungen Voraussetzung der Untersuchung der gesetzeskräftigen Feststellungen des Bundesverfassungsgerichts im Verfahren nach Art. 100 Abs. II GG ist.

---

auch der Gesetzgeber und alle mit der Ausführung der Gesetze betrauten Organe wissen, woran sie sind und wie sie die Bestimmung anzuwenden haben ..."
Hinsichtlich der Zukunftswirkung der Bindung gemäß § 31 Abs. I BVGG, die, wie noch zu zeigen sein wird, in ihren Wirkungen der Gesetzeskraft praktisch gleichkommt, vgl. *Oltmann*, S. 26 und *Schrag*, S. 54.

Erstes Kapitel

Das Verfahren nach Artikel 100 Abs. II des Grundgesetzes

Das Verfahren, in welchem das Bundesverfassungsgericht über die Inkorporierung des allgemeinen Völkerrechts durch Art. 25 GG befindet, wird meist als Normenkontrollverfahren bezeichnet[1]. *Goessel*[2] verwendet demgegenüber den Begriff Normenqualifikationsverfahren. Es bestehen zwar keine Bedenken, den Terminus Normenkontrolle zu verwenden, denn auch im Verfahren nach Art. 100 Abs. II GG wird eine Norm, nämlich ein Völkerrechtssatz, kontrolliert. Treffender ist es jedoch, mit Goessel von einer Normenqualifikation zu sprechen, da hier nicht wie sonst bei der Normenkontrolle eine niederrangige an einer höherrangigen Norm gemessen wird, sondern geprüft wird, ob eine Völkerrechtsnorm besteht und ob diese eine allgemeine Regel des Völkerrechts im Sinne von Art. 25 GG und deshalb Bestandteil des Bundesrechts ist. Es wird also in diesem Verfahren speziell die *qualitas* einer Norm untersucht, wenn auch diese Prüfung im weiteren Sinn eine Kontrolle darstellt.

Die Normenqualifikation vor dem Bundesverfassungsgericht ist ein objektives Verfahren[3], welches zunächst keine Beteiligten kennt. Nach § 83 BVGG können zwar der Bundestag, der Bundesrat und die Bundesregierung dem Verfahren beitreten. Dadurch wird dieses jedoch nicht zu einem Parteienstreit, da die genannten zum Beitritt Berechtigten im Falle ihres Beitritts nicht zu Parteien des Verfahrens werden[4].

Das Verfahren wird eingeleitet durch die Vorlage eines Gerichts, wenn in einem bei ihm anhängigen Rechtsstreit Zweifel auftreten, „ob eine Regel des Völkerrechts Bestandteil des Bundesrechtes ist und

---

[1] *Maunz-Sigloch* u. a., § 13 BVGG, Rdnr. 40; *Geiger*, Kommentar, § 83 BVGG, Anm. 4; *Friesenhahn*, Die Verfassungsgerichtsbarkeit, S. 64. Vgl. auch *Stern*, Bonner Kommentar, Art. 100 GG, Rdnr. 204, m. w. N. Das Bundesverfassungsgericht verwendet demgegenüber den Begriff *Normenverifikationsverfahren*, E vom 14. 5. 1968, NJW 1968, S. 1667 ff. (1672).
[2] S. 32 und im Anschluß daran auch *Stern*, Bonner Kommentar, Art. 100 GG, Rdnr. 204.
[3] Vgl. Beschluß des BVerfG vom 30. 10. 1962, ZaöRV 24, 1964, S. 283.
[4] *Geiger*, Kommentar, § 82 BVGG, Anm. 1.

I. Die Inkorporation der allgemeinen Regeln des Völkerrechts

ob sie unmittelbar Rechte und Pflichten für den Einzelnen erzeugt (Artikel 25)" (Art. 100 Abs. II GG). Aus dieser Fassung des Art. 100 Abs. II GG, insbesondere aus dessen ausdrücklicher Bezugnahme auf Art. 25 GG ergibt sich, daß diese Bestimmung in einem engen Verhältnis zu Art. 25 GG steht. Schon in der *Einleitung* wurde darauf hingewiesen, daß das Normenqualifikationsverfahren die verfahrensrechtliche Ergänzung des Art. 25 GG darstellt. Durch sie soll gewährleistet werden, daß die Aufgabe des Art. 25 GG, nämlich die Geltung des allgemeinen Völkerrechts auch innerstaatlich herbeizuführen, in vollem Umfang erfüllt werden kann.

Gegenstand der Normenqualifikation können daher nur solche Fragen sein, die sich aus Art. 25 GG selbst ergeben. Das bedeutet, daß die Normenqualifikation sowie die in diesem Verfahren ergehenden Entscheidungen nur aus dem Inhalt des Art. 25 GG vollständig zu verstehen sind. Im folgenden sollen daher zunächst Art. 25 GG und dessen Funktionen innerhalb der Rechtsordnung der BRD untersucht werden.

In Anbetracht der zahlreichen Abhandlungen[5] und Kommentierungen[6], die ausschließlich Art. 25 GG zum Gegenstand haben, kann jedoch auf eine erschöpfende, alle Fragen berücksichtigende Interpretation dieser Verfassungsnorm verzichtet werden.

I. Die Inkorporation der allgemeinen Regeln des Völkerrechts durch Artikel 25 GG

Das Vorbild des Art. 25 GG ist Art. 4 WRV. Schon bei den Beratungen zu Art. 25 GG war man sich jedoch einig, daß diese Bestimmung so gefaßt werden müßte, daß eine einschränkende Auslegung, so wie sie Art. 4 WRV erfahren hatte[7], nicht möglich sein würde[8]. Dieses Ziel

---

[5] Vgl. z. B. *Doehring*, Die allgemeinen Regeln des völkerrechtlichen Fremdenrechts, S. 122 ff.; *Mosler*, Das Völkerrecht in der Praxis der deutschen Gerichte, S. 30 ff.; *Pigorsch*, Die Einordnung der völkerrechtlichen Normen in das Recht der Bundesrepublik Deutschland; *Rudolf*, Völkerrecht und deutsches Recht, S. 240 ff.; *Scholtissek*, Die allgemeinen Regeln des Völkerrechts im Sinne des Artikels 25 des Grundgesetzes; *Schübbe*, Wesen und Rang der allgemeinen Regeln des Völkerrechts im Sinne des Art. 25 Grundgesetz; *Stumpfe*, Die allgemeinen Regeln des Völkerrechts im Sinne des Art. 25 des Grundgesetzes für die Bundesrepublik Deutschland vom 23. Mai 1949 und der Satz *pacta sunt servanda*.
[6] Vgl. die Erläuterungen zu Art. 25 GG in den Kommentaren von *Maunz-Dürig, von Mangoldt, von Mangoldt-Klein* und im Bonner Kommentar von *Menzel*.
[7] Zusammenfassend wurde von der unter der Weimarer Verfassung herrschenden Lehre folgende Auslegung zu Art. 4 vertreten: eine allgemein anerkannte Regel des Völkerrechts kann nur dann Eingang in die deutsche Rechtsordnung finden, wenn auch das Deutsche Reich eine Anerkennung ausgesprochen hat. Diese kann jedoch jederzeit wieder zurückgenommen

wurde in der Tat durch eine teilweise von Art. 4 WRV abweichende Fassung des Art. 25 GG erreicht[9].

Es gelang hingegen nicht jedweden Streit bei der Interpretation dieser Bestimmung auszuschließen.

So besteht auch heute prinzipiell noch keine Einigung darüber, welchen Rang die von Art. 25 GG inkorporierten allgemeinen Regeln des Völkerrechts in der Normenhierarchie der deutschen Rechtsordnung einnehmen und welche Völkerrechtsquellen allgemeine Regeln im Sinne von Art. 25 GG hervorbringen. Ansonsten ist die Auslegung von Art. 25 GG kaum streitig.

Voraussetzung für die Inkorporierung eines Völkerrechtssatzes ist, daß es sich um eine *Regel* handelt.

Damit soll ausgedrückt werden, daß nur solche Normen des Völkerrechts innerstaatliche Geltung beanspruchen können, die zum objektiven Völkerrecht zählen und ihrer Art nach generell und abstrakt sind[10].

Des weiteren ist erforderlich, daß diese so definierten Regeln *allgemein* sind. Das Merkmal *allgemein* soll nicht dazu dienen, solche Normen von der Inkorporierung auszuschließen, die sich nur auf einen Einzelfall beziehen, denn diese werden von Art. 25 GG schon deshalb nicht erfaßt, weil sie keine Regeln im Sinne dieser Bestimmung sind. Unter einer allgemeinen Regel ist vielmehr eine solche zu verstehen, deren Geltung sich auf eine Vielzahl von Staaten erstreckt. D. h. die internationale Staatengemeinschaft muß sich im Einklang mit der spezifischen Regel verhalten und sie als bindend anerkennen. Damit soll

---

werden. Die in Reichsrecht transformierten Regeln haben den Rang einfacher Gesetze; auf ihr Verhältnis zu anderen Gesetzen findet der Satz *lex posterior derogat legi priori* Anwendung. Diese restriktive Auslegung des Art. 4 WRV war hauptsächlich politisch bedingt. Beispielhaft für die negative Einstellung zu Art. 4 ist die im Verfassungsausschuß von den Abgeordneten Dr. Kahl und Dr. Heintze geäußerte Ansicht, daß durch Art. 4 der Eindruck entstehen könne „als wolle das deutsche Volk dadurch eine Selbstanklage wegen seiner früheren Stellung zum Völkerrecht und eine Verbeugung vor dem außerdeutschen Völkerrecht ausdrücken" (zitiert nach *Walz*, S. 303, FN 104).

[8] Im Darstellenden Teil zum Chiemsee Entwurf ist ausgeführt (S. 23): Durch die gewählte von Art. 4 WRV abweichende Fassung soll Streitfragen, die in der Weimarer Zeit eine verhängnisvolle Rolle gespielt haben, der Boden entzogen werden. Vgl. JöR, NF Bd. 1, 1951, S. 229.

[9] Die heutige Fassung des Art. 25 GG geht auf einen Antrag des Abgeordneten Dr. v. Mangoldt (57. Sitzung vom 5. 5. 1949 des Hauptausschusses) zurück. Der Antrag wurde vom Hauptausschuß einstimmig angenommen. Das Plenum billigte die Fassung des Art. 25 in der 2. Lesung vom 6. 5. 1949 und der 3. Lesung vom 8. 5. 1949 ohne Erörterung. Vgl. JöR, NF Bd. 1, 1951, S. 235.

[10] *Maunz-Dürig*, Art. 25 GG, Rdnr. 17.

I. Die Inkorporation der allgemeinen Regeln des Völkerrechts

jedoch nicht einer strikten Unanimität das Wort geredet werden; ausreichend ist vielmehr eine sogenannte Quasi-Unanimität[11].

Die Forderung nach einer strikten Unanimität ist schon deswegen abzulehnen, weil eine solche sich in Anbetracht der Instabilität der afrikanischen Staatenwelt und der teilweise erheblichen Differenzen zwischen den Rechtsauffassungen der Staaten der westlichen Hemisphäre einerseits und den Ostblockstaaten mit kommunistischer Gesellschaftsordnung andererseits wohl kaum jemals nachweisen lassen wird. Die Bedeutung des Art. 25 GG wäre damit auf null reduziert, was im krassen Widerspruch zur Völkerrechtsfreundlichkeit des Grundgesetzes stünde.

In diesem Zusammenhang bedarf es auch noch einer Erörterung der Frage, ob eine Völkerrechtsregel auch von der BRD *anerkannt* sein muß, um von Art. 25 GG erfaßt zu werden.

Im Gegensatz zu der zu Art. 4 WRV vertretenen ganz herrschenden Lehre[12], wonach nur solche Regeln des Völkerrechts in deutsches Recht transformiert werden konnten, die auch von Deutschland anerkannt wurden, wird zu Art. 25 GG fast ebenso einhellig die Ansicht vertreten, daß es einer wie auch immer gearteten Anerkennung deutscherseits nicht bedürfe[13].

Der Parlamentarische Rat beabsichtigte durch das Weglassen des Wortes *anerkannt* bei der Fassung des Art. 25 GG, eine einschränkende Auslegung, so wie sie Art. 4 WRV erfahren hatte, auszuschließen. *Rudolf*[14] hat demgegenüber nachgewiesen, daß zwischen den *allgemeinen* und den *allgemein anerkannten* Regeln kein relevanter Unterschied besteht, denn „Regeln, die nicht als Rechtsregeln anerkannt werden, sind gar keine Rechtsregeln". Solche nicht allgemein

---

[11] So auch ohne ersichtliche Ausnahme das Schrifttum: *Maunz-Dürig*, Art. 25 GG, Rdnr. 19; *Münch*, Droit International et Droit Interne, S. 9; *v. Mangoldt-Klein*, Art. 25 GG, S. 675; *Menzel*, Bonner Kommentar, Art. 25 GG, S. 7; *Schübbe*, S. 50; für das österreichische Recht, *Adamovich*, S. 79 f. Diese Auffassung wurde auch überwiegend zu Art. 4 WRV vertreten. Siehe dazu *Mohr*, S. 40 f., die davon ausgeht, daß schon der Begriff *allgemein* für eine Quasi-Unanimität spreche. Auch das BVerfG hat sich dieser Meinung angeschlossen. E vom 30. 4. 1963, Bd. 16, S. 27 ff. (33): „Völkerrechtsregeln sind dann allgemeine Regeln des Völkerrechts, wenn sie von der weitaus größeren Zahl der Staaten anerkannt werden."
[12] Vgl. *Pigorsch*, S. 20, m. w. N.
[13] a. A. soweit ersichtlich nur *Ipsen*, Über das Grundgesetz, S. 36 ff.; *Berber*, Bd. I, S. 101; *v. Mangoldt*, Kommentar, S. 168 und *Maunz*, Staatsrecht, S. 291: „Daneben gibt es Regeln, die nur dann als *allgemein* von Deutschland angesehen werden müssen, wenn es selbst zustimmt." Zweifelnd *Mosler*, Das Völkerrecht in der Praxis der deutschen Gerichte, S. 31: „Andererseits habe ich Bedenken, eine sich neu bildende Regel als allgemein anzuerkennen, wenn ihr die deutsche Gesetzgebung oder die deutsche Praxis entgegensteht."
[14] S. 246 f.

anerkannten Regeln würden daher gar nicht von Art. 25 GG erfaßt werden.

Es muß deshalb davon ausgegangen werden, daß durch das Weglassen des Wortes *anerkannten* in Art. 25 GG ein sachlicher Unterschied zu der unter Art. 4 WRV gegebenen Rechtslage, hinsichtlich der von beiden Bestimmungen erfaßten Völkerrechtsregeln, nicht eingetreten ist. Der Unterschied zwischen den zu Art. 25 GG und Art. 4 WRV vertretenen Auffassungen, ist vielmehr allein auf zeitbedingte politische Strömungen zurückzuführen.

Läßt man bei der Auslegung des Art. 25 GG politische Gesichtspunkte außer acht und geht davon aus, daß zur Entstehung von völkerrechtlichem Gewohnheitsrecht, welches die wichtigste Quelle der allgemeinen Regeln des Völkerrechts ist, eine quasi-unanime Anerkennung ausreichend ist, dann folgt daraus zwingend, daß es auf eine Anerkennung der Regel — ausdrücklich oder durch schlüssiges Verhalten — durch die BRD nicht ankommt.

Die Zahl der durch Art. 25 GG erfaßten allgemeinen Regeln des Völkerrechts wird teilweise noch in der Hinsicht eingeschränkt[15], „als nur solche Regeln von Art. 25 GG erfaßt werden (sollen), die im innerstaatlichen Bereich nach Inhalt, Zweck und Fassung berechtigende und verpflichtende Wirkung auszuüben vermögen, ohne daß es noch weiterer völkerrechtlicher oder staatsrechtlicher Akte bedarf"[16].

Folge dieser Meinung ist, daß Art. 25 Satz 2, 2. Halbsatz GG „erzeugen Rechte und Pflichten unmittelbar für die Bewohner des Bundesgebietes" keinerlei Bedeutung zukommt.

Andere Autoren[17] betonen ausdrücklich, daß diese Worte des Art. 25 GG nur deklaratorischer Natur seien. Diese Auffassung hat *Doehring*[18]

---
[15] *Stumpfe*, S. 65 ff.; *Rudolf*, S. 173, 258 f.; *Partsch*, S. 20.
[16] *Stumpfe*, S. 66. Diese Wirkung soll im Verhältnis der Rechtsunterworfenen untereinander und gegenüber dem Staat gegeben sein. Vgl. auch die systematische Stellungnahme der SPD-Bundestagsfraktion vom 28. 10. 1952 (Kampf um den Wehrbeitrag, Bd. II, 2. Halbbd., S. 296), wo es heißt, daß von Art. 25 GG solche Regeln nicht betroffen werden, „die allein im Verhältnis zwischen den Staaten als ungeteilte Rechtspersonen des Völkerrechts Rechte und Pflichten zur Folge haben, also Gebote und Verbote, Freiheiten und Unfreiheiten nur für die Beziehungen der Staaten zueinander aussprechen".
[17] *Berber*, Bd. I, S. 99; *v. Mangoldt-Klein*, Art. 25 GG, S. 682; *Menzel*, Bonner Kommentar, Art. 25 GG, S. 11 f.; *Dahm*, Bd. I, S. 67; *Kimminich*, S. 487, FN 4; ebenso *Rudolf*, S. 270, mit der Begründung, es liege im Wesen der Transformation, einen Adressatenwechsel vorzunehmen. Desgleichen auch das BVerfG, E vom 30. 10. 1962, Bd. 15, S. 25 ff. (33 f.). Dagegen *Stern*, Bonner Kommentar, Art. 100 GG, Rdnr. 250.
[18] *Doehring*, Die allgemeinen Regeln des völkerrechtlichen Fremdenrechts, S. 152 ff. Im Ergebnis haben sich ihm angeschlossen: *Maunz-Dürig*, Art. 25 GG, S. 11 f.; *Stern*, Bonner Kommentar, Art. 100 GG, Rdnr. 250 f.; *Tomuschat*, S. 63 f.

I. Die Inkorporation der allgemeinen Regeln des Völkerrechts

mit eingehender Begründung widerlegt. Er geht davon aus, daß bei den von Art. 25 GG betroffenen allgemeinen Regeln des Völkerrechts eine dreifache Unterscheidung zu treffen sei. Eine erste Gruppe von Regeln besteht aus Normen, die ihrem Inhalt nach nur auf das Verhältnis zwischen den Staaten untereinander angewendet werden können. Für sie ist Art. 25 Satz 2, 2. Halbsatz GG ohne Bedeutung, denn diese Normen können Rechte und Pflichten der Individuen nicht erzeugen. Zur zweiten Gruppe gehören Völkerrechtsnormen, die schon im völkerrechtlichen Bereich individualgerichtet sind. Für diese hat Art. 25 Satz 2, 2. Halbsatz GG nur deklaratorische Bedeutung. Die dritte Gruppe hingegen beinhaltet solche Normen, die zwar primär staatsgerichtet sind, die aber ohne Sinnesänderung auch auf das Individuum angewendet werden können. Für diese Gruppe von Völkerrechtsregeln hat Art. 25 Satz 2, 2. Halbsatz GG konstitutive Wirkung.

Im übrigen muß auch bei der Auslegung des Art. 25 GG, wie überhaupt bei der Auslegung einer gesetzlichen Bestimmung, zunächst davon ausgegangen werden, daß die Bestimmung sowohl im ganzen als auch in ihren Teilen sinnvoll ist und nicht leerläuft[19].

Diesem Erfordernis wird jedoch nur die Ansicht Doehrings gerecht, während die Gegenmeinung bei der Auslegung des 2. Satzes von Art. 25 GG annehmen muß, daß dieser inhaltslos ist und etwas erklärt, was nach dem Sinn der Bestimmung einer Erklärung nicht mehr bedarf.

1. Die allgemeinen Regeln des Völkerrechts

Als Anhaltspunkt bei der Suche nach denjenigen Quellen des Völkerrechts, die allgemeine Regeln des Völkerrechts im Sinne des Art. 25 GG hervorbringen können, dient Art. 38 des Statuts des Internationalen Gerichtshofs[20]. Man wird in dieser Bestimmung zwar nicht die autoritative und abschließende Festlegung aller möglichen Völkerrechtsquellen sehen können[21], denn ihr Hauptzweck liegt darin, die Mittel für die Rechtsfindung des Internationalen Gerichtshofs aufzuzählen.

---
[19] Auch *Doehring*, a.a.O., S. 157, betont, daß davon „ausgegangen werden muß, daß Satz 2 dem Satz 1 des Art. 25 GG etwas hinzufügen soll".
[20] Art. 38 IGH-Statut, soweit er für die hier zu behandelnden Fragen von Bedeutung ist, lautet:
1. Der Gerichtshof, dessen Aufgabe es ist, die ihm unterbreiteten Streitigkeiten im Einklang mit dem Völkerrecht zu entscheiden, wendet an:
   a) die internationalen Abkommen, allgemeiner oder besonderer Natur, in denen von den im Streit befangenen Staaten ausdrücklich anerkannte Normen aufgestellt sind;
   b) das internationale Gewohnheitsrecht als Ausdruck einer allgemeinen als Recht anerkannten Übung;
   c) die von den zivilisierten Staaten anerkannten allgemeinen Rechtsgrundsätze.
[21] Vgl. *Jaenicke*, S. 767.

Andererseits findet sie aber als allgemein gültige Beschreibung des derzeit geltenden Völkerrechts überall Anerkennung[22].

Nach Art. 38 IGH-Statut kommen als Völkerrechtsquellen in Betracht:

a) das Völkergewohnheitsrecht,
b) das Völkervertragsrecht,
c) die allgemeinen Rechtsgrundsätze.

a) Das Völkergewohnheitsrecht[23]

Es ist zu Recht ganz allgemein[24] anerkannt, daß das Völkergewohnheitsrecht die wichtigste Quelle der allgemeinen Regeln des Völkerrechts im Sinne des Art. 25 GG ist. Es kann daher darauf verzichtet werden, auf diese Frage näher einzugehen. Es sei nur darauf hingewiesen, daß nicht jede Norm des völkerrechtlichen Gewohnheitsrechts eine allgemeine Regel des Völkerrechts ist. Es muß sich vielmehr um universales Gewohnheitsrecht handeln, welches auf dem übereinstimmenden Verhalten der Mehrzahl aller Nationen beruht und von diesen auch überwiegend als Recht anerkannt und befolgt wird[25]. Regionales und partikulares[26] Gewohnheitsrecht kann hingegen keine Regeln beinhalten, die von Art. 25 GG erfaßt werden, denn ihnen mangelt es an dem Merkmal der *Allgemeinheit*.

---

[22] Vgl. z. B. die Berufung auf Art. 38 IGH-Statut bei *Dahm*, Bd. I, S. 15; *Doehring*, Die allgemeinen Regeln des völkerrechtlichen Fremdenrechts, S. 125 f.; *Menzel*, Bonner Kommentar, Art. 25 GG, S. 7; *Stern*, Bonner Kommentar, Art. 100 GG, Rdnr. 214; *Pigorsch*, S. 11; *Rudolf*, S. 84; *Verdross*, Völkerrecht, S. 85.

[23] Zur Bildung von Gewohnheitsrecht bedarf es in der zwischenstaatlichen ebenso wie in der innerstaatlichen Rechtsordnung ein im wesentlichen übereinstimmendes Verhalten der beteiligten Rechtssubjekte während eines größeren Zeitraums (*consuetudo*), welches vom Bewußtsein einer rechtlichen Verpflichtung getragen wird (*opinio necessitatis*). a. A. hinsichtlich des 2. Merkmals ist *Guggenheim*, RC Bd. 80, 1952 I, S. 71, weil es schwer, wenn nicht gar unmöglich sei, das psychologische Moment nachzuweisen. Vgl. zum ganzen *Dahm*, Bd. I, S. 28 ff.; *Berber*, Bd. I, S. 99 und *Rudolf*, S. 82 ff., m. w. N.

[24] *Doehring*, Die allgemeinen Regeln des völkerrechtlichen Fremdenrechts, S. 125; *Menzel*, Bonner Kommentar, Art. 25 GG, S. 7; *Pigorsch*, S. 8; *Maunz-Dürig*, Art. 25 GG, S. 8; *v. Mangoldt-Klein*, Art. 25 GG, S. 676; *Stumpfe*, S. 23 und 54; *Guggenheim*, Völkerrecht und Landesrecht, S. 657. a.A. wohl nur *Mann*, S. 548, der behauptet, die allgemeinen Regeln des Völkerrechts im Sinne des Art. 25 GG seien nichts anderes „als die allgemeinen Grundsätze des Rechts".

[25] Auch bei der Bildung von Gewohnheitsrecht muß eine Quasi-Unanimität genügen, denn sonst wäre der Bestand an universalen Gewohnheitsrechtssätzen in Anbetracht der im sowjetischen Rechtskreis dem Völkergewohnheitsrecht gegenüber geübten Zurückhaltung minimal. Vgl. zur sowjetischen Einstellung dem Völkergewohnheitsrecht gegenüber, *Schultz*, S. 78 ff.

[26] Vgl. Haya de la Torre - Fall, ICJ Reports, 1950, S. 276 f. Siehe zum ganzen auch *Rudolf*, S. 175 ff.

I. Die Inkorporation der allgemeinen Regeln des Völkerrechts

b) Die allgemeinen Rechtsgrundsätze

Es besteht keine Einigkeit darüber, ob auch die allgemeinen Rechtsgrundsätze[27] von Art. 25 GG in das deutsche Recht inkorporiert werden. Es wird zwar nicht geleugnet, daß auch sie allgemeine Regeln[28] im Sinne von Art. 25 GG sind, jedoch wird ihre Inkorporierung deswegen ausgeschlossen, weil sie angeblich schon Bestandteil der staatlichen Rechtsordnung seien[29].

Was unter den allgemeinen Rechtsgrundsätzen zu verstehen ist, ist trotz vieler Definitionsversuche[30] bisher noch nicht abschließend geklärt. Weitgehende Übereinstimmung besteht jedoch darüber, daß es sich bei ihnen zumindest um diejenigen grundlegenden Rechtsgedanken handelt, die integrierender Bestandteil der Rechtsordnungen der Mehrzahl[31] der zivilisierten Staaten sind.

Es besteht jedoch keine Notwendigkeit, die allgemeinen Rechtsgrundsätze auf die in den nationalen Rechtsordnungen anerkannten Grundsätze zu beschränken[32]. Diese Begrenzung ergibt sich nicht aus Art. 38 I c IGH-Statut. Es müssen vielmehr auch solche allgemeinen Rechtsprinzipien zu den allgemeinen Rechtsgrundsätzen gezählt werden, die sich nur auf das Verhältnis der Staaten untereinander beziehen. Also Rechtsgrundsätze, die nicht deswegen als allgemeine Rechtsgrundsätze gelten, weil sie *in foro domestico* allgemein anerkannt sind, sondern die speziell völkerrechtlicher Natur sind und von den meisten Staaten auch als solche anerkannt werden[33]. Hierzu kann man auch solche Rechts-

---

[27] Zum Wesen der allgemeinen Rechtsgrundsätze vgl. z. B. *Cavalgier*, RC Bd. 26, 1929 I, S. 311 ff.; *Cheng*, Current Legal Problems, 1951, S. 35 ff.; *Sørensen*, RC Bd. 101, 1960 III, S. 16 ff.; *Spiropoulus*, Die allgemeinen Rechtsgrundsätze im Völkerrecht; *Verdross*, Annuaire 37, 1932, S. 283 ff.; ders., RC Bd. 30, 1929 V, S. 301 ff.
[28] Die Normeigenschaft der allgemeinen Rechtsgrundsätze wird ganz allgemein anerkannt. Vgl. *Härle*, S. 217; *Scholtissek*, S. 25; *Dahm*, Bd. I, S. 35; *Doehring*, Die allgemeinen Regeln des völkerrechtlichen Fremdenrechts, S. 126; *Rudolf*, S. 92; *Verdross*, Völkerrecht, S. 92; *Stumpfe*, S. 43.
[29] *Rudolf*, S. 255 ff.
[30] Vgl. die Definitionen bei *Berber*, Bd. I, S. 66 ff.
[31] Ebenso wie im Hinblick auf die allgemeinen Regeln im Sinne von Art. 25 GG muß auch hier eine Quasi-Unanimität genügen. Der Forderung *Stumpfes* (S. 29 f.), die allgemeinen Rechtsgrundsätze müßten „in den einzelstaatlichen Rechtsordnungen restlos aller Mitglieder der Völkerrechtsgemeinschaft ausgebildet und damit anerkannt" sein, kann schon deswegen nicht beigetreten werden, weil die sowjetische Völkerrechtslehre der Existenz solcher allgemeinen Rechtsgrundsätze wegen der verschiedenen Gesellschaftsordnungen ablehnend gegenübersteht. Vgl. *Tunkin*, S. 26.
Zur Frage der Quasi-Unanimität vgl. auch die Entstehungsgeschichte des Statuts für einen StIGH in Procès Verbaux des Séances du Comité, La Haye 1920, S. 334 ff.
[32] Siehe dazu auch *Verdross*, ZaöRV, Bd. 26, S. 694.
[33] Vgl. *Mosler*, Das Völkerrecht in der Praxis der deutschen Gerichte, S. 34, der z. B. die Achtung des menschenrechtlichen Mindeststandards für eines der normativen Prinzipien des zwischenstaatlichen Verkehrs hält.

grundsätze zählen, die im Wege der Abstraktion aus den Völkerrechtsquellen des Vertrags- und Gewohnheitsrechtes abgeleitet werden können.

Aus dieser Abhängigkeit von anderen Völkerrechtsquellen folgt nicht, wie *Berber*[34] meint, daß solche Prinzipien keine eigenständige Geltung beanspruchen können, sondern ausnahmslos gewohnheitsrechtlicher Natur sind. Man muß vielmehr unterscheiden, ob es sich bei diesen Grundsätzen um solche handelt, die durch die Vertragspraxis oder im Gewohnheitsrecht, ohne in diesem einen ausdrücklichen Niederschlag zu finden, entwickelt worden sind oder ob sie diesen zwei Völkerrechtsquellen wesensimmanent sind. Im ersteren Fall liegt Gewohnheitsrecht vor, im zweiten handelt es sich jedoch um allgemeine Rechtsgrundsätze.

Sind die allgemeinen Rechtsgrundsätze Rechtsnormen und finden sie auch in der Völkerrechtsgemeinschaft allgemeine Anerkennung, dann werden sie auch von Art. 25 GG erfaßt und in die deutsche Rechtsordnung inkorporiert[35]. Wenn *Rudolf*[36] demgegenüber meint, eine Transformation der allgemeinen Rechtsgrundsätze komme nicht in Betracht, „da sie der deutschen Rechtsordnung sowieso immanent" seien, geht er von falschen Voraussetzungen aus.

Für die Umsetzung von allgemeinen Regeln des Völkerrechts in innerdeutsches Recht kommt es nämlich auf die Frage, ob es ihrer bedarf oder nicht, gar nicht an. Ausschließliches Kriterium für die Inkorporierung nach Art. 25 GG ist, daß eine allgemeine Regel des Völkerrechts im Sinne dieser Bestimmung gegeben ist.

Auch ist eine Umsetzung der Rechtsgrundsätze, die *in foro domestico* schon vorhanden sind, unter Umständen äußerst sinnvoll und wird von Art. 25 GG, dessen Zweck auch dahin geht, das allgemeine Völkerrecht in der staatlichen Rechtsordnung rangmäßig über den Gesetzen einzustufen, geradezu gefordert. Hat nämlich ein allgemeiner Rechtsgrundsatz des Völkerrechts, der parallel auch im innerstaatlichen Recht ausgebildet ist, dort als innerstaatliche Norm nur den Rang eines einfachen Gesetzes, dann wird ihm durch die Inkorporierung aus dem

---

[34] Bd. I, S. 69; ähnlich wohl auch *Rudolf*, S. 90 f.
[35] Ebenso *Doehring*, Die allgemeinen Regeln des völkerrechtlichen Fremdenrechts, S. 129; *Menzel*, Bonner Kommentar, Art. 25 GG, S. 7; *Dahm*, Bd. I, S. 65; *Stumpfe*, S. 43; *Berber*, Bd. I, S. 99; *Mann*, SJZ 1950, S. 548; *Mosler*, Das Völkerrecht in der Praxis der deutschen Gerichte, S. 33 f. und *Maunz-Dürig*, Art. 25 GG, Rdnr. 16, der jedoch von *Rudolf*, S. 256, FN 67 fälschlicherweise zu denjenigen gezählt wird, die eine Erfassung der allgemeinen Rechtsgrundsätze durch Art. 25 GG verneinen. a. A. *Rudolf*, S. 255; *Schübbe*, S. 93; *Mohr*, S. 39; *Pigorsch*, S. 15 und *v. Mangoldt-Klein*, Art. 25 GG, S. 678.
[36] Im Anschluß an *Pigorsch*, S. 15 und *Mohr*, S. 39.

Völkerrecht auf Grund von Art. 25 GG ein Rang über den einfachen Gesetzen eingeräumt[37].

Nach der Ansicht Rudolfs ist das hingegen nicht möglich, da eine rangändernde „Transformation" nicht erfolgt. Der spezifische allgemeine Rechtsgrundsatz bleibt demnach, obwohl er auch die Voraussetzungen einer allgemeinen Regel des Völkerrechts erfüllt, im innerstaatlichen Rechtskreis auf der Rangstufe der einfachen Gesetze.

An diesem Ergebnis zeigt sich, daß die Auffassung Rudolfs dem von Art. 25 GG verfolgten Zweck widerspricht, und sie ist deshalb abzulehnen.

Es werden also alle allgemeinen Rechtsgrundsätze von Art. 25 GG erfaßt und in die innerstaatliche Rechtsordnung inkorporiert. Das gilt sowohl für Rechtsgrundsätze, die schon *in foro domestico* vorhanden sind, als auch für solche, die rein völkerrechtlicher Natur sind. Im letzteren Fall kann die Inkorporierung auch dann nicht ausgeschlossen werden, wenn der einzelne Rechtsgrundsatz speziell auf den zwischenstaatlichen Verkehr zugeschnitten ist und keine Rechte und Pflichten für Individuen erzeugen kann. Denn einmal ergibt sich eine solche Einschränkung nicht aus Art. 25 GG, und zum anderen kann ein solcher allgemeiner Rechtsgrundsatz auch im innerstaatlichen Bereich unter Umständen von Bedeutung sein[38].

c) Das Völkervertragsrecht

Die Übernahme von völkerrechtlichen Verträgen in die deutsche Rechtsordnung ist in Art. 59 Abs. II GG geregelt. Gleichwohl geht die wohl überwiegende Meinung des älteren Schrifttums dahin, daß sich Art. 25 GG auch auf das Vertragsrecht beziehe. Diese Auffassung ist jedoch in sich insofern wiederum geteilt, als man einmal das gesamte Vertragsrecht dadurch als von Art. 25 GG erfaßt ansieht, daß der Grundsatz *pacta sunt servanda* eine allgemeine Regel des völkerrechtlichen Gewohnheitsrechts sei, und da dieser als solche auf Grund von Art. 25 GG in die deutsche Rechtsordnung inkorporiert werde, gelte dasselbe auch für das Vertragsrecht[39]. Andere hingegen meinen ein-

---
[37] Diese *Rangerhöhung* hat zur Folge, daß allgemeine Rechtsgrundsätze, denen zunächst innerstaatlich nur der Rang einfacher Gesetze zukam, nunmehr nicht mehr der Disposition des einfachen Gesetzgebers unterliegen, ihnen also, da sie auf einer Stufe mit Verfassungsnormen stehen, eine größere Bestandskraft zukommt. Auch dieser Umstand spricht für eine Inkorporierung solcher allgemeinen Rechtsgrundsätze, die auch innerstaatlich schon als Norm vorhanden sind.
[38] Vgl. dazu *Doehring*, Die allgemeinen Regeln des völkerrechtlichen Fremdenrechts, S. 156.
[39] So z. B. *Münch*, Droit International et Droit Intern, S. 14; *Kaufmann*, Normenkontrollverfahren und völkerrechtliche Verträge, S. 453; BGH St 5, S. 396 f. und OLG Hamm, NJW 1956, S. 307 ff. Dagegen einhellig die neuere Rechtsprechung, zusammengestellt von *Tomuschat*, in: ZaöRV, Bd. 28, S. 48 ff.

schränkend, daß Verträge nur soweit sie allgemeine Regeln im Sinne des Art. 25 GG enthalten als *Vertragsrecht* von Art. 25 GG erfaßt werden[40]. Demgegenüber haben sich schon früher *Kraus*[41], *Menzel*[42], *Doehring*[43] und neuerdings auch *Rudolf*[44] entschieden gegen die Behauptung ausgesprochen, von Art. 25 GG werde auch das völkerrechtliche Vertragsrecht inkorporiert[45].

Dieser Auffassung ist im Ergebnis zuzustimmen.

Die Frage, ob eine allgemeine Regel des Völkerrechts, z. B. des Gewohnheitsrechts, die durch einen Vertrag kodifiziert worden ist, als Vertragsrecht von Art. 25 GG erfaßt wird, kann ohne Schwierigkeiten verneint werden. Denn in einem solchen Fall ist diese Regel schon vor dem Vertragsschluß von Art. 25 GG in das deutsche Recht inkorporiert worden. Der sie enthaltende Vertrag hat daher nur noch deklaratorische Bedeutung[46].

Entwickelt sich andererseits aus Vertragsbestimmungen allgemein anerkanntes Gewohnheitsrecht, dann findet dieses, und zwar als Gewohnheitsrecht, nicht aber als Vertragsrecht, auf Grund von Art. 25 GG Eingang in die deutsche Rechtsordnung[47].

Die Widerlegung der Behauptung, auch Vertragsrecht werde von Art. 25 GG mit umfaßt, ergibt sich im übrigen aus dem Verhältnis dieser Bestimmung zu Art. 59 Abs. II GG. *Dahm*[48] kann zwar nicht in vollem Umfang zugestimmt werden, wenn er im Wege eines Umkehrschlusses folgert, da Art. 25 GG die allgemeinen Regeln in der BRD anwendbar machen wolle, seien die besonderen, nämlich die Vertragsregeln, ausgeschlossen.

Wenn man mit der hier vertretenen Meinung davon ausgeht, daß der Begriff *allgemeine* in Art. 25 GG den Umfang der Geltungserstreckung der jeweiligen Regel ausdrücken will, dann ist es zwar richtig, daß die Mehrzahl der völkerrechtlichen Verträge und damit auch die möglicherweise in ihnen enthaltenen Regeln nicht allgemein im Sinne von Art. 25 GG sind und daher auch gar nicht direkt von diesem erfaßt werden können. Multilaterale oder mundiale Verträge

---

[40] *v. Mangoldt-Klein*, Art. 25 GG, S. 676; *Berber*, Bd. I, S. 99; *Pigorsch*, S. 9 ff.; *Partsch*, S. 71 f.; *Schübbe*, S. 51; *Stumpfe*, S. 21.
[41] S. 224.
[42] Bonner Kommentar, Art. 25 GG, S. 8.
[43] Die allgemeinen Regeln des völkerrechtlichen Fremdenrechts, S. 129 ff.
[44] S. 250 ff.
[45] Zum Meinungsstand unter der Geltung von Art. 4 WRV vgl. *Walz*, S. 380 ff., m. w. N., der sich gegen eine Erfassung des Vertragsrechts durch Art. 4 WRV ausspricht.
[46] *Menzel*, Bonner Kommentar, Art. 25 GG, S. 8; *Doehring*, a.a.O., S. 130; *Rudolf*, S. 251 und *Kimminich*, S. 508.
[47] Zu den völkerrechtlichen Verträgen, die Gewohnheitsrecht deklaratorisch feststellen oder aus denen solches entsteht, vgl. *Baxter*, S. 275 ff.
[48] Bd. I, S. 66.

I. Die Inkorporation der allgemeinen Regeln des Völkerrechts

nicht rechtsgeschäftlicher Art[49], in denen völkerrechtliche Regeln aufgestellt werden, die wegen der Vielzahl der Vertragspartner auch *allgemein* sind, sind einer Inkorporierung durch Art. 25 GG nicht deswegen unzugänglich, weil sie Vertragsrecht und nicht Gewohnheitsrecht sind. Sie werden von Art. 25 GG jedoch deshalb nicht erfaßt, weil sich aus dessen Verhältnis zu Art. 59 Abs. II GG ergibt, daß mit der letztgenannten Bestimmung speziell für die völkerrechtlichen Verträge eine Sonderregelung gegenüber den sonstigen Völkerrechtsquellen geschaffen werden sollte.

Es bleibt jedoch ein Zweifel insoweit bestehen, als der Fall denkbar ist, daß ein mundialer Vertrag, der auch eine Regel im Sinne des Art. 25 GG enthält, nicht unter Art. 59 Abs. II GG fällt[50].

Art. 59 Abs. II GG umfaßt alle Verträge, die „die politischen Beziehungen des Bundes regeln oder sich auf Gegenstände der Bundesgesetzgebung beziehen". Die so beschriebenen Verträge sind die weitaus wichtigsten völkerrechtlichen Verträge. Verträge, die nicht unter Art. 59 Abs. II GG fallen, treten demgegenüber wohl an Zahl und auch an Bedeutung weitgehend zurück. Wenn ein solcher Vertrag eine allgemeine Regel enthält, dann wäre es höchst sinnwidrig, wenn diese von Art. 25 GG als Vertragsnorm erfaßt und deshalb im innerstaatlichen Rechtskreis rangmäßig vor den Gesetzen stehen würde, während diejenigen vertraglichen allgemeinen Regeln, die sich in den inhaltlich weitaus wichtigeren Verträgen im Sinne von Art. 59 Abs. II GG finden, weil dieser ausschließlich ihre Umsetzung regelt, auf gleicher Stufe mit den einfachen Gesetzen stünden.

Aus diesem Grund ist, da Art. 59 Abs. II GG für den überwiegenden und wichtigsten Teil des völkerrechtlichen Vertragsrechts die Umsetzung regelt und als *lex specialis*[51] Art. 25 GG ausschließt, auch für die wenigen und relativ unbedeutenden nicht von Art. 59 Abs. II GG erfaßten Verträge, eine Anwendung des Art. 25 GG abzulehnen.

Kann der Auffassung, Art. 25 GG beziehe sich auch auf die allgemeinen Regeln des Vertragsrechts, aus den oben dargelegten Gründen nicht zugestimmt werden, so muß erst recht die Behauptung, durch die Inkorporierung der angeblichen Norm[52] *pacta sunt servanda* in die

---
[49] z. B. die Genfer Konventionen von 1906 und 1864.
[50] Das ist der einzige Fall, für den auch *Dahm*, Bd. I, S. 66 eine Anwendung des Art. 25 GG fordert.
[51] Ebenso *Seidl-Hohenveldern*, Grundgesetz und Völkerrecht, S. 57.
[52] Es mag dahingestellt bleiben, ob dieser Satz eine Rechtsnorm ist (vgl. dazu *Schmitt*, Verfassungslehre, S. 69 ff.; *Heller*, S. 132 [verneinend] einerseits und *Dahm*, Bd. I, S. 20; *Rudolf*, S. 260 [bejahend] andererseits). Denn auch wenn dem so wäre, kann keine Rede davon sein, daß durch seine Inkorporierung auch das gesamte Vertragsrecht inkorporiert wird.

deutsche Rechtsordnung werde das gesamte Vertragsrecht mit aufgenommen, abgelehnt werden[53].

Auch wenn man davon ausgeht, daß der Satz *pacta sunt servanda* eine allgemeine Regel im Sinne von Art. 25 GG und deshalb Bestandteil der deutschen Rechtsordnung ist, folgt daraus nicht, daß mit seiner Aufnahme automatisch auch das gesamte Vertragsrecht inkorporiert wird. Da *pacta sunt servanda* eine aus der Fülle aller Verträge abstrahierte Blankettbestimmung ist, betrifft sie jeden beliebigen Vertrag. Ist man konsequent in der Annahme, daß auf Grund von *pacta sunt servanda* auch das Vertragsrecht von Art. 25 GG erfaßt wird, dann ist eine Beschränkung auf solche Verträge, bei denen die BRD Vertragspartner ist, unzulässig. Die sich daraus ergebende Folgerung, daß *jeder* völkerrechtliche Vertrag zu einem Bestandteil des deutschen Rechts wird, richtet sich selbst[54].

Diese Auffassung widerspricht aber auch, selbst wenn man die Beschränkung auf Verträge, die auch von der BRD unterzeichnet sind, als zulässig erachten würde, dem Art. 25 GG. Diese Bestimmung soll nur den *allgemeinen Regeln* Eingang in den deutschen Rechtskreis verschaffen. Werden von Art. 25 GG auch Verträge erfaßt, dann ist jede einzelne, ganz konkrete, auf den Einzelfall abgestellte und bei einem zweiseitigen Vertrag nur für die beiden Vertragspartner verbindliche Vertragsbestimmung über Art. 25 GG zum Bestandteil des Bundesrechts geworden. Ein solches Ergebnis ist mit Art. 25 GG aber nicht vereinbar.

Schließlich spricht wohl auch Art. 100 Abs. II GG gegen die Annahme, daß auch das Völkervertragsrecht von Art. 25 GG inkorporiert wird.

Der Zweck des Art. 100 Abs. II GG geht dahin, durch die Entscheidung von mit der Inkorporierung des allgemeinen Völkerrechts entstehenden Zweifelsfragen, den Bestand des innerstaatlich geltenden Völkerrechts zu klären und damit Divergenzen in der Rechtsprechung der unteren Gerichte zu verhindern. Diese Bestimmung stellt daher ganz überwiegend auf das ungeschriebene Völkerrecht ab, nicht hingegen auf das Vertragsrecht, bei dessen Aufnahme in das deutsche Recht Zweifel, wie sie Art. 100 Abs. II GG im Auge hat, kaum entstehen können. Dennoch nimmt Art. 100 Abs. II GG auf Art. 25 GG insgesamt Bezug, was zumindest den Schluß rechtfertigen dürfte, daß der Verfassungsgesetzgeber, der ja beide Bestimmungen geschaffen

---

[53] So einhellig die neuere Rechtsprechung vgl. BGH RzW 62, S. 266 (268); BGH RzW 63, S. 510 f.; BGH RzW 57, S. 361; BFH E 73, S. 399 (411 f.). Anders noch BGH St 5, S. 396 und OLG Hamm, NJW 1956, S. 307 ff. Zu diesem Problem vgl. im übrigen *Doehring*, Die allgemeinen Regeln des völkerrechtlichen Fremdenrechts, S. 130 ff. und *Rudolf*, S. 254 f.

[54] Siehe dazu auch *Walz*, S. 311 ff. und *Rudolf*, S. 255, FN 65.

I. Die Inkorporation der allgemeinen Regeln des Völkerrechts 31

hat, nicht davon ausgegangen ist, daß Art. 25 GG auch das Vertragsrecht erfassen soll.

d) Die Beschlüsse der Generalversammlung der Vereinten Nationen als Völkerrechtsquelle

In den vorstehenden Abschnitten ist untersucht worden, welche der traditionellen Völkerrechtsquellen allgemeine Regeln des Völkerrechts im Sinne von Art. 25 GG beinhalten. Im folgenden soll nunmehr die Frage gestellt werden, ob es neben jenen noch andere Rechtsquellen gibt, die Völkerrechtsnormen hervorbringen können, welche für eine Inkorporierung durch Art. 25 GG in Betracht kommen.

Die Annahme einer neben Gewohnheitsrecht, Vertragsrecht und allgemeinen Rechtsgrundsätzen stehenden Völkerrechtsquelle ist nur dann möglich, wenn man in Art. 38 Abs. I des IGH-Statuts nicht eine autoritative und abschließende Feststellung aller möglichen Völkerrechtsquellen sieht.

Schon oben wurde darauf hingewiesen[55], daß letzteres nicht der Fall sein kann. Vielmehr sind neben den in Art. 38 Abs. I IGH-Statut genannten auch andere Völkerrechtsquellen theoretisch möglich. Eine Bestätigung dieser Ansicht ergibt sich auch aus der Praxis des Internationalen Gerichtshofs, der schon des öfteren internes Recht internationaler Organisationen angewandt hat und damit selbst von der Aufzählung in Art. 38 Abs. I IGH-Statut abgewichen ist[56].

Als neue neben das Gewohnheitsrecht, das Vertragsrecht und die allgemeinen Rechtsgrundsätze tretende Völkerrechtsquelle kommt in der Gegenwart nur das Recht der internationalen Organisationen in Betracht.

Es würde den Rahmen dieser Arbeit sprengen, wollte man die Rechtsetzungsbefugnis aller gegenwärtig bestehenden internationalen Organisationen untersuchen[57]. Dies ist auch nicht nötig, vielmehr genügt es für die an dieser Stelle zu erörternden Frage, wenn die Rechtsetzungsbefugnis der Generalversammlung der Vereinten Nationen untersucht wird. Da unter allgemeinen Regeln des Völkerrechts nur solche mit universeller Geltung zu verstehen sind, kann die Rechtsetzungstätigkeit internationaler Organisationen, welche entweder nur eine begrenzte Mitgliederzahl aufweisen oder regionalen Charakter haben, keine Regeln im Sinne von Art. 25 GG hervorbringen, da es an dem Merkmal *allgemein* mangeln würde. Allein die Akte internatio-

---
[55] Siehe oben, erstes Kapitel, Ziffer I, 1.
[56] Vgl. hierzu *Skubiszewski*, S. 244 f. mit Nachweisen aus der Praxis des Internationalen Gerichtshofs.
[57] Dieser Problemkreis wird eingehend von *Skubiszewski*, S. 198 ff. untersucht. Auf dessen Abhandlung kann verwiesen werden.

naler Organisationen weltweiten Ausmaßes könnten allgemeine Regeln des Völkerrechts enthalten, und da die VN die Weltorganisation schlechthin ist, kann sich die folgende Untersuchung auf die Rechtsetzungsbefugnis eines ihrer wichtigsten Organe, nämlich der Generalversammlung, beschränken.

Mit der Frage, ob die GV Rechtsetzungsbefugnis hat, d. h. ob ihren Beschlüssen Rechtsqualität zukommt, haben sich in neuerer Zeit bereits verschiedene Autoren auseinandergesetzt[58]. Eine Verbindung zu Art. 25 GG wurde dabei jedoch nicht hergestellt, wie auch sonst im Rahmen der Erörterung dieser Bestimmung nicht danach gefragt wurde, ob die Beschlüsse der GV der VN allgemeine Regeln des Völkerrechts im Sinne von Art. 25 GG beinhalten können.

Die Beschlüsse, die die GV auf Grund der Satzung der VN erlassen kann, können in drei Gruppen eingeteilt werden, und zwar in Beschlüsse nach den Artikeln 10—14 SVN, in solche gemäß Artikel 105 Abs. III SVN und in Beschlüsse, die sich nur auf Interna der VN beziehen[59]. Den letzteren kommt anerkanntermaßen[60] Rechtsverbindlichkeit zu; sie können jedoch schon deshalb keine allgemeinen Regeln des Völkerrechts beinhalten, da sie nur intern von Bedeutung sind und keine Außenwirkung entfalten. Nur die Beschlüsse nach den Artikeln 10—14 SVN und nach Artikel 105 Abs. III SVN können folglich, wenn sie generell und abstrakt sind, eine Völkerrechtsregeln im Sinne des Art. 25 GG hervorbringende Rechtsquelle sein.

Es bestehen jedoch erhebliche Bedenken gegen die Rechtsetzungsbefugnis der GV mit Wirkung nach außen und damit gleichzeitig gegen die Rechtssatzqualität der erwähnten Beschlüsse.

Die Entstehungsgeschichte der Charta der Vereinten Nationen spricht eindeutig gegen eine legislatorische Funktion der GV. Auf der Konferenz in San Franzisko wurde von der philippinischen Delegation zwar vorgeschlagen, die Zuständigkeit der GV zum Erlaß von Völkerrechtsnormen zu begründen. Dieser Vorschlag wurde jedoch ganz einhellig abgelehnt[61].

Auch aus der SVN selbst folgt, daß den Beschlüssen der GV keine Normqualität zukommen kann. Bei einer Wortinterpretation des Be-

---

[58] Vgl. z. B. *Higgins*, The Development of International Law through the Political Organs of the United Nations; *Johnson*, The Effect of Resolutions of the General Assembly of the United Nations; *Schwelb*, Neue Etappen der Fortentwicklung des Völkerrechts durch die Vereinten Nationen; *Sørensen*, Principes de Droit International Public; *Vallat*, The Competence of the United Nations General Assembly; *Verdross*, Kann die Generalversammlung der Vereinten Nationen das Völkerrecht weiterbilden?
[59] Zu diesen zählen Beschlüsse nach den Artikeln 4, 5, 6, 17, 21, 22, 23 Abs. IV, 61, 63, 68, 85, 86, 87, 97, 101 und 108 SVN.
[60] Vgl. *Higgins*, S. 4 und *Johnson*, S. 121 f.
[61] UNICO Documents, Bd. IX, S. 70.

I. Die Inkorporation der allgemeinen Regeln des Völkerrechts

griffs *recommendation* (Art. 10—14 und 105 Abs. III SVN) ergibt sich zunächst, daß mit diesen Beschlüssen keine verbindliche Wirkung erzielt werden soll, eine Rechtspflicht der Mitglieder der VN folglich damit nicht begründet werden kann. Hinzu kommt, daß zur Beschlußfassung eine Zweidrittelmehrheit (Art. 18 SVN) genügt, also auch Staaten gebunden wären, die eine Gegenstimme abgegeben haben. Dieses Ergebnis würde aber im Widerspruch zu Art. 2 Abs. I SVN stehen, wonach die Organisation auf der souveränen Gleichheit aller ihrer Mitglieder beruht.

Sprechen auch diese Umstände recht eindeutig gegen die Rechtssatzqualität dieser Beschlüsse und damit auch gegen ihre Eigenschaft als Völkerrechtsquelle[62], so bleibt doch die Frage, ob dasselbe für Deklarationen[63] gilt, die von der GV beschlossen werden und die wegen ihres abstrakten und generellen Inhalts den Anschein normativer Regelungen haben.

Untersucht man die Verbindlichkeit dieser Deklarationen, dann muß berücksichtigt werden, daß die GV nur die Funktionen ausüben kann, die nach der SVN in ihren Kompetenzbereich fallen.

Nach der SVN kann die GV nach außen jedoch nur in Form von Empfehlungen (Art. 10—14, 105 Abs. III SVN) tätig werden; weitergehende Befugnisse hat sie hingegen nicht. Wenn aber die GV nur Empfehlungen beschließen kann und diese, wie oben dargelegt, keine rechtlich verbindlichen Wirkungen entfalten, dann können auch die Deklarationen keinen normativen Charakter haben, und die in ihnen enthaltenen Grundsätze müssen als bloße Empfehlungen ohne bindende Wirkung angesehen werden.

Es zeigt sich also, daß die Beschlüsse der GV, wozu auch die Deklarationen gezählt werden müssen, mit Ausnahme derer, die sich auf Interna der Organisation der VN beziehen, keine normative Wirkung entfalten, und sie daher auch keine neue, zu den in Art. 38 IGH-Statut genannten hinzukommende Völkerrechtsquelle darstellen.

Bedenkt man jedoch, daß ein Großteil der Staaten dieser Welt Mitglieder der VN sind und Sitz und Stimme in der GV haben, dann scheint

---

[62] So die ganz herrschende Meinung: *Higgins*, S. 5; *Vallat*, S. 230; *Johnson*, S. 116; *Sørensen*, S. 99; *Verdross*, ZaöRV, Bd. 26, S. 694 f.; *Goodrich* and *Hambro*, S. 152 und 163; *Skubiszewski*, S. 230. Vgl. auch das Sondervotum von Sir Hersch Lauterpacht zu einem Gutachten des Internationalen Gerichtshofs (South West Africa, Voting Procedure, Advisory Opinion of June 7th, 1955) in ICJ Reports, 1955, S 115 und 122.

[63] Deklaration der Menschenrechte (GA Resolution 285 [III], v. 25. 4. 1949); Erklärung über das Verbot der Verwendung von Kernwaffen (GA Resolution 1653 [XVII], v. 24. 11. 1961); Erklärung gegen Rassendiskrimination (GA Resolution 1904 [XV], v 20. 11. 1963); Erklärung über den Weltraum (GA Resolution 1962 [XVIII], v. 13. 12. 1963); Erklärung betreffend die dauernden Hoheitsrechte über die natürlichen Reichtümer und Bodenschätze (GA Resolution 1803 [XVII], v. 14. 12. 1962).

es bedenklich, deren Willenskundgebungen in der Form von Beschlüssen jedwede rechtliche Bedeutung abzusprechen. Immerhin zeigen doch diese Willensäußerungen, gesetzt den Fall, sie betreffen einen in einem Beschluß formulierten generellen und abstrakten Satz, daß sich die Staaten dem Inhalt dieses Satzes gemäß bereits verhalten oder in Zukunft verhalten wollen.

Es liegt daher nahe, in einem solchen Beschluß den Hinweis für das Vorliegen von bestimmten Gewohnheitsrechtsregeln zu sehen.

Erfolgt nämlich die Beschlußfassung einstimmig oder mit überwiegender Mehrheit der Mitglieder der GV, dann kann man in dieser Willenskundgebung die Manifestation der für das Vorliegen oder die Entstehung von Gewohnheitsrecht notwendigen *opinio necessitatis* sehen. Besteht zu dieser Zeit schon eine auf die Befolgung des in dem Beschluß der GV formulierten Satzes gerichtete *consuetudo* der internationalen Staatengemeinschaft oder tritt jene zu dem Beschluß hinzu, dann ist damit das Vorliegen von Gewohnheitsrecht nachgewiesen[64].

Daneben können aber auch in den Beschlüssen — insbesondere in Deklarationen — allgemeine Rechtsgrundsätze formuliert werden. Enthält eine Deklaration, wie das meistens der Fall ist, allgemeine Prinzipien, dann ist der einstimmig mit großer Mehrheit angenommene Beschluß der Beweis dafür, daß diese Grundsätze allgemein anerkannt werden. Eine nochmalige ausdrückliche Anerkennung der in der Deklaration formulierten Prinzipien durch die Staaten, außerhalb der GV, wird man demgegenüber nicht fordern können, da jene ihren Willen schon ausreichend in der GV durch ihre weisungsgebundenen Delegierten[65], von denen sie repräsentiert werden, kundgetan haben .

Diese Deklarationen stellen folglich allgemeine Rechtsgrundsätze im Sinne von Art. 38 Abs. I IGH-Statut fest, welche allgemein verbindlich sind.

---

[64] *Sørensen* (S. 99) kann nicht zugestimmt werden, wenn er meint, daß sich durch eine solche Resolution der Nachweis der *consuetudo* erübrige. Damit wäre nämlich, was aber auch Sørensen ablehnt, im Ergebnis die normative Wirkung dieser Resolutionen der GV erreicht. Wenn der Beschluß allein genügen soll, den Nachweis für das Vorliegen von Gewohnheitsrecht zu erbringen, dann sind die Staaten an dieses durch den Beschluß festgestellte Gewohnheitsrecht gebunden, da dieses ja verbindlich ist. Fehlt es einmal an der *consuetudo*, dann liegt im Zeitpunkt der Beschlußfassung kein Gewohnheitsrecht vor, vielmehr ist nur der Beschluß, der die *opinio necessitatis* feststellt, gegeben. Sollen die Völkerrechtssubjekte in einem solchen Fall gleichwohl an die im Beschluß formulierten angeblichen Gewohnheitsrechtssätze gebunden sein, dann kommt dem Beschluß praktisch normative Wirkung zu, da das in ihm formulierte Gewohnheitsrecht gar nicht als solches existent ist, und es daher auch nicht verbindlich sein kann.

[65] Zur Stellung der Vertreter der Mitgliedstaaten der VN vgl. *Dahm*, Bd. II, S. 72 und *Verdross*, Völkerrecht, S. 436.

I. Die Inkorporation der allgemeinen Regeln des Völkerrechts

Die rechtliche Verbindlichkeit dieser Rechtsprinzipien ebenso wie die der Gewohnheitsrechtssätze, die durch einen Beschluß der GV nachgewiesen werden, ist jedoch nicht in den Beschlüssen selbst begründet, sondern folgt aus ihrer Eigenschaft als Gewohnheitsrecht oder als allgemeine Rechtsgrundsätze.

Als Ergebnis kann demnach festgestellt werden, daß die Beschlüsse der GV der VN keine neue allgemeine Regeln des Völkerrechts im Sinne des Art. 25 GG beinhaltende Völkerrechtsquelle darstellen. Sie werden daher ebensowenig wie das Völkervertragsrecht in die deutsche Rechtsordnung inkorporiert. Sie sind nur insofern für Art. 25 GG von Bedeutung — und hier ergibt sich wiederum eine Parallele zum Vertragsrecht[66] —, als durch sie Gewohnheitsrechtsregeln nachgewiesen werden und allgemeine Rechtsgrundsätze in ihnen einen Niederschlag finden können, welche dann in dieser ihrer Eigenschaft von Art. 25 GG inkorporiert werden.

2. Der Rang der allgemeinen Regeln des Völkerrechts in der innerstaatlichen Rechtsordnung

Bei der Auslegung des Art. 25 GG ist neben der Feststellung der Rechtsquellen, die allgemeine Regeln des Völkerrechts hervorbringen können, die Frage nach deren Rang in der Normenpyramide des deutschen Rechts von großer Bedeutung. Ihre Beantwortung gibt Aufschluß darüber, auf welche innerstaatlichen Normgruppen das allgemeine Völkerrecht, z. B. in Form einer Derogation, Einfluß ausüben kann, womit gleichzeitig das Maß der Völkerrechtsfreundlichkeit des Grundgesetzes transparent wird.

Im Schrifttum werden bei der Auslegung des Art. 25 Satz 2 GG „Sie gehen den Gesetzen vor" sämtliche nach diesem Wortlaut möglichen Lösungen der Rangfrage vertreten[67].

Die Mehrzahl der Autoren[68] ordnet die allgemeinen Regeln des Völkerrechts im deutschen Recht auf eine andere Rangstufe ein als den

---

[66] Auch ein Vertrag kann den Nachweis für das Vorliegen von Gewohnheitsrecht erbringen ebenso wie sich solches aus ihm entwickeln kann. Inkorporiert wird jedoch nicht der Vertrag, bzw. die einzelne Vertragsbestimmung, sondern das Gewohnheitsrecht als solches. Vgl. dazu oben, Erstes Kapitel, Ziffer I, 1 c.

[67] Die zu Art. 4 WRV vertretenen Auffassungen von *Hatschek*, S. 18 (Untergesetzesrang) und der herrschenden Lehre, vgl. *Anschütz*, Art. 4 WRV, Anm. 8, m. w. N. (Gesetzesrang) sind durch die Fassung des Art. 25 GG ausgeschlossen. Eine fast erschöpfende Zusammenstellung der zur Rangfrage vertretenen Meinungen findet sich bei *Pigorsch*, S. 23 ff. Zu den verschiedenen Rangstufen, die bei der Auslegung des Art. 25 GG möglich sind, vgl. *v. Mangoldt-Klein*, Art. 25 GG, S. 681.

[68] Das gilt für alle Autoren, die den allgemeinen Regeln des Völkerrechts entweder Überverfassungsrang oder einen Rang zwischen der Verfassung und den einfachen Gesetzen beilegen, denn da der Verfassungsrang des

Anwendungsbefehl (Art. 25 GG) selbst. Es können dagegen zwar keine durchschlagenden Bedenken geltend gemacht werden. Es muß jedoch *Doehring*[69] zugestimmt werden, der gegen diese Auffassung einwendet, prima facie sei davon auszugehen, daß Art. 25 GG eine Einheit bilde und ihm als solche daher „der Rang zuzuordnen ist, den diese Bestimmung schon nach ihrer Stellung im Grundgesetz einnimmt". Die *Einheit* des Art. 25 GG genügt hingegen nicht, um den Verfassungsrang der allgemeinen Regeln des Völkerrechts zu begründen. Die für die Rangfrage maßgeblichen Worte in Art. 25 GG sind auch nicht geeignet, das Problem eindeutig zu lösen. Der Rang, den die Regeln in der deutschen Rechtsordnung einnehmen, kann daher letztlich nur im Wege einer negativen Abgrenzung gefunden werden.

Gegen die Annahme eines Überverfassungsranges, den insbesondere *Pigorsch*[70] nachzuweisen versucht, sprechen verschiedene Umstände, die diese Ansicht als verfehlt erscheinen lassen.

Das staatliche Recht setzt sich aus mehreren Normgruppen zusammen, deren Verhältnis zueinander sich aus der jeweiligen Vor- bzw. Nachordnung der einen gegenüber der anderen Gruppe ergibt. In ihrer Gesamtheit bilden diese Normgruppen die Normenhierarchie oder Normenpyramide. Die Rangordnung innerhalb dieser Pyramide ergibt sich dabei nicht aus Kriterien, die den einzelnen Rechtsnormen immanent sind und weshalb sie auf dieser oder jener Rangstufe einzuordnen sind, vielmehr bemißt sie sich allein nach dem Rang des jeweiligen Normgebers. Man kann daher genauer anstatt von einer Stufenordnung der Rechtsnormen von einer Stufenordnung der Normgeber sprechen.

Die einzelnen Normgeber können nun zwar Normen schaffen, die an sich generell von einem ihnen untergeordneten Normgeber erlassen werden; sie können hingegen keine Normen mit einer ihnen selbst übergeordneten Rangstufe erzeugen.

Aus dieser Überlegung ergibt sich folgendes: Da höchster Normgeber im staatlichen Bereich der Verfassungsgesetzgeber ist, kann es Normen des staatlichen Rechts und solche, deren Geltung im innerstaatlichen Recht in diesem begründet ist, nicht geben, die auf einer den Verfas-

---

Art. 25 GG nicht geleugnet werden kann, sind sie zu dieser Teilung gezwungen. Zum Überverfassungsrang vgl. *Pigorsch*, S. 23 ff.; *Menzel*, Bonner Kommentar, Art. 25 GG, S. 10; *v. Mangoldt-Klein*, Art. 25 GG, S. 681 und *Schübbe*, S. 152. Zum Rang zwischen der Verfassung und den Gesetzen vgl. *Mosler*, Das Völkerrecht in der Praxis der deutschen Gerichte, S. 44 f.; ders., Problèmes Contemporains de Droit Comparé, Bd. I, S. 171 f.; *Ipsen*, DV 1949, S. 490; *Tomuschat*, S. 63 und *Friesenhahn*, Die Verfassungsgerichtsbarkeit, S. 64.

[69] Die allgemeinen Regeln des völkerrechtlichen Fremdenrechts, S. 182.
[70] S. 55 ff.

I. Die Inkorporation der allgemeinen Regeln des Völkerrechts

sungsgesetzen übergeordneten Rangstufe stehen[71]. Eine Ausnahme hiervon bilden auch nicht die überpositiven Rechtssätze, denn diese leiten, soweit man ihre Existenz überhaupt anerkennt, ihren Rang weder von einem staatlichen Gesetzgeber ab, noch ist ihr Rang überhaupt in der staatlichen Rechtsordnung begründet. Für die allgemeinen Regeln des Völkerrechts gilt dies hingegen nicht, denn der Rang, den sie im innerstaatlichen Rechtskreis einnehmen, ist abgeleitet von Art. 25 GG, den der Verfassungsgesetzgeber geschaffen hat.

Die Ansicht, die den allgemeinen Regeln des Völkerrechts einen Überverfassungsrang zugestehen möchte, muß auch daran scheitern, daß sie zu der Annahme zwingt, eine Norm, von der andere Normen abgeleitet werden, sei es originär oder sei es, wie im Falle des Art. 25 GG, daß ihnen die Grundnorm in einem ihnen sonst nicht zugänglichen Rechtskreis Geltung verleiht, könne der von ihr abgeleiteten Norm einen höheren Rang *verleihen* als sie selbst innehat. Diese Behauptung ist nicht begründbar und kann nirgendwo eine Stütze finden.

Diejenigen Autoren, die den Überverfassungsrang bejahen, begründen diesen jedoch weniger mit dogmatischen Argumenten, sondern berufen sich darauf, daß die Entstehungsgeschichte des Art. 25 GG keinen Zweifel an dem Überverfassungsrang der allgemeinen Regeln des Völkerrechts lasse[72].

In der Tat kann man auf Grund der Entstehungsgeschichte davon ausgehen, daß der Verfassungsgesetzgeber den allgemeinen Regeln des Völkerrechts im innerstaatlichen Rechtskreis einen Überverfassungsrang einräumen wollte. Das ergibt sich aus dem einstimmigen Abstimmungsergebnis, welches der Vorschlag des Abgeordneten *Dr. von Mangoldt* erzielte[73] und aus der daran anschließenden Billigung der Bestimmung im Plenum in zweiter und dritter Lesung.

Der *Wille des Gesetzgebers* scheint hier jedoch überbewertet zu werden. Der bei der Auslegung einer Gesetzesbestimmung zu erforschende Wille des Gesetzes ist nicht unbedingt identisch mit dem des Gesetzgebers. Das Bundesverfassungsgericht[74] hat schon mehrmals in seinen

---

[71] Vgl. *Maunz-Dürig*, Art. 25 GG, Rdnr. 24. Siehe auch *Rudolf*, S. 265, der zu Recht der Meinung ist, daß es logisch nicht zu begründen sei, daß der Verfassungsgeber höherwertiges Recht als das Verfassungsrecht schaffen könne.
[72] *Menzel*, Bonner Kommentar, Art. 25 GG, S. 10; *Pigorsch*, S. 55 ff. und *Schübbe*, S. 152.
[73] JöR, NF Bd. I, S. 235. Der Abstimmung war eine Begründung des Abgeordneten Dr. von Brentano vorangegangen (HA-Steno, S. 749 f.) wonach der Antrag des Abgeordneten Dr. von Mangoldt es unmöglich mache, „durch Änderung des Grundgesetzes auch Völkerrecht abzuändern". Das Völkerrecht gehe unter allen Umständen dem Bundesrecht, auch dem Bundesverfassungsrecht vor.
[74] Vgl. BVerfG E 1/299 ff. (312), 6/75, 8/307, 10/51. Vgl. auch BGH GSZ v. 20. 5. 1954, JZ 1954, S. 492.

Entscheidungen ausgeführt, daß es auf „die subjektiven Vorstellungen der am Gesetzgebungsverfahren beteiligten Organe oder einzelner ihrer Mitglieder über die Bedeutung dieser Bestimmung" nicht ankomme, allein maßgebend sei vielmehr nur der objektivierte Wille des Gesetzgebers, „so wie er sich aus dem Wortlaut der Gesetzesbestimmung und dem Sinnzusammenhang ergibt"[75].

Selbst wenn jedoch in Zweifelsfällen ein Rückgriff auf die Entstehungsgeschichte erlaubt ist, d. h. der Wille des konkreten Gesetzgebers zur Auslegung herangezogen werden darf, dann ist es mehr als fraglich, ob das in den Materialien Angeführte wirklich den Willen der am Gesetzgebungsverfahren Beteiligten wiedergibt. Denn schließlich kommt es bei der Feststellung des Willens des Gesetzgebers darauf an, was die einzelnen Mitglieder des gesetzgebenden Organs bei der Abstimmung gedacht haben. Dies wird sich jedoch selten einwandfrei feststellen lassen.

Der Wille des Gesetzgebers dürfte somit als Mittel zur Auslegung einer Gesetzesbestimmung von nur untergeordneter Bedeutung sein. Gestützt auf ihn läßt sich der Überverfassungsrang der allgemeinen Regeln des Völkerrechts in der deutschen Rechtsordnung nicht begründen, und zwar auch dann nicht, wenn dieser Wille eindeutig im Sinne des Überverfassungsranges feststellbar wäre. Denn, wie oben dargelegt, ist es dem einzelnen Normgeber objektiv unmöglich, einzelnen Normen einen im Vergleich zu seinem Rang höherwertigen Rang zu verleihen. Dem Verfassungsgeber wäre es daher, auch wenn sein Wille darauf abgezielt hätte, nicht möglich gewesen, den Überverfassungsrang der allgemeinen Regeln des Völkerrechts zu begründen.

Neben dem Überverfassungsrang bieten sich nach dem Wortlaut des Art. 25 GG für die Einordnung der Völkerrechtsregeln der Verfassungsrang und der Rang zwischen Verfassung und den einfachen Gesetzen an[76]. Eine eindeutige Entscheidung zugunsten der einen oder der anderen Rangstufe scheint hier kaum noch möglich[77].

---

[75] BVerfG E 1/299 ff. (312) und BVerwG NJW 1954, S. 572.

[76] Das BVerfG hat bisher hinsichtlich der Alternative Verfassungsrang oder Rang zwischen der Verfassung und den einfachen Gesetzen noch nicht eindeutig Stellung genommen. In BVerfG E 6/363 wird nur festgestellt, daß die Regeln Eingang in die deutsche Rechtsordnung finden und dem deutschen innerstaatlichen Recht, nicht dem Verfassungsrecht im Rang vorgehen. Damit hat sich das BVerfG zwar gegen den Überverfassungsrang entschieden, nicht jedoch für oder gegen den Verfassungsrang oder den Rang zwischen der Verfassung und den einfachen Gesetzen.

[77] So auch *Rudolf*, S. 267, der, da nach seiner Meinung die Rangfrage nicht logisch zu entscheiden sei, mit Rücksicht auf die Entstehungsgeschichte der Bestimmung und die Völkerrechtsfreundlichkeit des Grundgesetzes der Ansicht den Vorzug gibt, die den allgemeinen Regeln des Völkerrechts Verfassungsrang beilegt.

I. Die Inkorporation der allgemeinen Regeln des Völkerrechts

Immerhin sprechen jedoch zwei Gesichtspunkte gegen die Einordnung der allgemeinen Regeln des Völkerrechts zwischen die Verfassung und den einfachen Gesetzen. In diesem Fall wäre nämlich einmal die theoretische Möglichkeit gegeben, daß Art. 25 GG als Verfassungsnorm verfassungswidriges allgemeines Völkerrecht im bundesrepublikanischen Rechtskreis zur Anwendung bringen würde, wenn auch die verletzte Verfassungsnorm das verfassungswidrige Völkerrecht unmittelbar nach der Inkorporierung derogieren würde. Zum anderen ist aber noch folgendes zu beachten: Wenn die allgemeinen Regeln des Völkerrechts zwischen Verfassung und einfachen Gesetzen stünden, dann wäre damit in der innerstaatlichen Normenhierarchie eine Rangstufe geschaffen, die weder im Grundgesetz vorgesehen noch sonst jemals in der Literatur oder der Rechtsprechung angenommen worden ist. Auch von denjenigen Autoren, die die Völkerrechtsregeln auf diese Zwischenstufe einordnen wollen, hat bisher noch keiner das Vorhandensein einer solchen Rangstufe begründet noch zu begründen versucht.

Allein die Einordnung der allgemeinen Regeln des Völkerrechts auf die Rangstufe der Verfassung[78], und zwar auf gleicher Ebene mit den Verfassungsnormen ohne Gesetzesvorbehalt[79], kann Widersprüche weitgehend vermeiden.

Hiergegen wird meist geltend gemacht, daß diese Einordnung dem Art. 79 Abs. I GG widerspreche[80].

Zwei Fälle sind hier zu unterscheiden, und zwar kann, wenn eine neue Völkerrechtsregel entstanden ist und von Art. 25 GG in die deutsche Rechtsordnung inkorporiert wird, diese Regel, da sie dem Grundgesetz nicht widerspricht, den Bestand an Normen mit Verfassungsrang vermehren oder sie derogiert nach dem Grundsatz *lex posterior derogat legi priori* eine Verfassungsnorm, da sie, was theoretisch möglich ist, dieser widerspricht.

Im ersten Fall wird Art. 79 Abs. I GG nicht berührt, und es ist *Doehring*[81] beizupflichten, der meint, daß „eine Änderung des geltenden Rechts, etwa durch eine Wandlung des Völkerrechts, nicht den Wortlaut der Verfassung ändert, wie Art. 79 Abs. I GG es vorsieht; das liegt aber daran, daß der Wortlaut des Art. 25 GG immer *stimmt*, denn

---

[78] Diese Meinung wird vertreten von *Doehring*, Die allgemeinen Regeln des völkerrechtlichen Fremdenrechts, S. 183; *Kraus*, S. 227; *Rudolf*, S. 267 f.; *Seidl-Hohenveldern*, Grundgesetz und Völkerrecht, S. 56 und *Stumpfe*, S. 54.
[79] Zu der Behauptung, Art. 25 GG stünde auf einer Stufe mit den in Art. 79 Abs. III GG genannten Verfassungsnormen (so *Curtius*, DÖV 1955, S. 145 f. und *Schübbe*, S. 152) und sei damit einer Verfassungsänderung entzogen, vgl. *Doehring*, a.a.O., der mit Recht die Ansicht vertritt, daß diese Behauptung von denjenigen zu beweisen sei, die sie aufgestellt haben. Ein solcher Beweis sei jedoch bisher noch nicht erbracht worden.
[80] *Rudolf*, S. 267.
[81] Die allgemeinen Regeln des völkerrechtlichen Fremdenrechts, S. 184.

er enthält nur den Verweis und kann daher mit Art. 79 Abs. I GG niemals in Widerspruch geraten; wenn das *Sittengesetz* des Art. 2 Abs. I GG sich ändert, hat das Grundgesetz auch einen anderen Inhalt, ohne daß Art. 79 Abs. I GG berührt ist oder bemüht zu werden braucht"[82].

Anders liegt jedoch der Fall, wenn eine Völkerrechtsregel einer Bestimmung des Grundgesetzes widerspricht und diese derogiert. Hier ist, so könnte man meinen, durch die stillschweigende Außerkraftsetzung einer Verfassungsnorm ein Verstoß gegen Art. 79 Abs. I GG gegeben. Man muß jedoch in diesem Zusammenhang den Zweck dieser Bestimmung berücksichtigen, welcher darin zu sehen ist, Verfassungsänderungen und Verfassungsdurchbrechungen des Gesetzgebers ohne deren Kenntlichmachung in der Verfassungsurkunde — wie es in der Weimarer Zeit häufig vorgekommen ist — auszuschließen[83]. Art. 79 Abs. I GG bezieht sich demnach nur auf solche Verfassungsänderungen, die *vom Gesetzgeber* vorgenommen werden. Diese Bestimmung ist daher nicht mit der Betonung auf *nur* und *Gesetz* zu lesen. Wäre es anders, dann wäre eine Änderung des Grundgesetzes anders als durch Gesetzesbeschluß unmöglich. Das kann jedoch nicht Sinn des Art. 79 Abs. I GG sein, denn auch das Grundgesetz selbst kann es nicht verhindern, daß es sich auf Grund eines Wechsels der Rechtsanschauungen, der politischen Verhältnisse oder auch durch Bildung von Gewohnheitsrecht auf der Stufe von Verfassungsrecht (was zur Folge haben kann, daß eine Bestimmung des Grundgesetzes obsolet wird) einem Wandel unterzieht. Gegen solche Änderungen ist die Verfassung machtlos, und es wäre daher wenig sinnvoll, wenn auch hierfür Art. 79 Abs. I GG gelten sollte.

Art. 79 Abs. I GG muß vielmehr so gelesen werden, daß eine Änderung des Grundgesetzes *durch Gesetz* nur möglich ist, falls dieses Gesetz die in Art. 79 Abs. I und II GG genannten Bedingungen erfüllt.

Die allgemeinen Regeln des Völkerrechts werden demnach von Art. 79 Abs. I GG nicht berührt, auch wenn sie, was jedoch unwahrscheinlich ist, eine Norm des Grundgesetzes derogieren sollten. Denn sie werden

---

[82] Das gilt nicht nur für das *Sittengesetz* des Art. 2 Abs. I GG, sondern z. B. auch für die *verfassungsmäßige Ordnung*, die, versteht man darunter mit dem BVerfG (E 6/32) die Gesamtheit der Normen, die formell und materiell verfassungsmäßig sind, dauernd in einem Wandel begriffen ist. Gleiches gilt schließlich auch für die Veränderungen der einzelnen Verfassungsnormen auf Grund eines Wandels der Rechtsanschauungen oder des Verfassungslebens selbst. Es bedarf in diesen Fällen keinesfalls einer Einhaltung der in Art. 79 Abs. I GG vorgeschriebenen Form, was auch kaum durchführbar wäre, da derartige *schleichende* Änderungen gar nicht exakt festzustellen sind.
[83] Vgl. die ausführliche Darstellung bei *Pigorsch*, S. 26 f. Nach *Nawiasky* (S. 122), soll durch Art. 79 Abs. I GG eine „Gelegenheitsgesetzgebung, die mehr oder weniger zufällig die vorgeschriebenen Stimmenerfordernisse erreicht", ausgeschlossen werden.

I. Die Inkorporation der allgemeinen Regeln des Völkerrechts

weder vom Gesetzgeber im Verfahren nach den Art. 77 f GG beschlossen noch sind sie sonst nach Art und Entstehung den innerstaatlichen Gesetzen gleichzusetzen.

Zusammenfassend kann also gesagt werden, daß die allgemeinen Regeln des Völkerrechts im deutschen Rechtskreis auf der gleichen Rangstufe stehen wie die Bestimmungen des Grundgesetzes ohne Gesetzesvorbehalt. Dieses Ergebnis läßt sich entgegen der Meinung *Rudolfs*[84] ohne Konflikte mit anderen Bestimmungen des Grundgesetzes zwanglos aus Art. 25 GG gewinnen, während sich bei der Annahme eines Überverfassungsranges oder des Ranges zwischen Verfassung und einfachen Gesetzen Widersprüche nicht vermeiden lassen.

3. Zusammenfassung

Die vorstehenden Untersuchungen haben zu folgender Deutung des Art. 25 GG geführt:

Art. 25 GG inkorporiert die allgemeinen Regeln des Völkerrechts in das Bundesrecht in der Weise, daß die Völkerrechtsnormen, obwohl sie Bestandteil des Bundesrechts werden, ihren völkerrechtlichen Charakter nicht verlieren. Weder ihr Inhalt noch ihr Geltungsgrund wird durch die Inkorporierung angetastet. Nur bei einem Teil der in die deutsche Rechtsordnung aufgenommenen Völkerrechtsregeln tritt ein Adressatenwechsel ein, und zwar bei denjenigen, die, obwohl sie im völkerrechtlichen Bereich nicht individualgerichtet sind, ohne Änderung ihres Inhalts auch auf Individuen anwendbar sind. Dieser Adressatenwechsel erfolgt auf Grund des zweiten Halbsatzes von Art. 25 Satz 2 GG, der deshalb entgegen der in Literatur und Rechtsprechung vorherrschenden Meinung nicht nur deklaratorischen, sondern auch konstitutiven Charakter hat.

Die von Art. 25 GG inkorporierten Regeln müssen generelle und abstrakte Völkerrechtsnormen sein. Sie müssen des weiteren allgemein in dem Sinne sein, daß sie von einer Vielzahl von Staaten der Völkerrechtsgemeinschaft anerkannt werden. Eine spezielle Anerkennung der BRD ist dagegen nicht erforderlich. Ist eine Völkerrechtsregel Bestandteil des Bundesrechts geworden, dann nimmt sie in der deutschen Rechtsordnung den gleichen Rang ein wie die Normen des Grundgesetzes ohne Gesetzesvorbehalt. Sie hat hingegen weder Überverfassungsrang noch steht sie auf einer Rangstufe zwischen der Verfassung und den einfachen Gesetzen.

Zu den Völkerrechtsquellen, aus denen sich allgemeine Regeln des Völkerrechts ergeben können, zählen das Völkergewohnheitsrecht unter

---

[84] S. 267.

Ausschluß des partikularen und regionalen Gewohnheitsrechts, da dieses nicht allgemein im Sinne des Art. 25 GG ist, und die allgemeinen Rechtsgrundsätze, wobei es ohne Bedeutung ist, ob diese rein völkerrechtlicher Natur sind oder ob es sich um solche Grundsätze handelt, die in allen zivilisierten Nationen parallel ausgebildet sind. Nicht von Art. 25 GG erfaßt wird das Vertragsrecht als solches, und zwar auch nicht über *pacta sunt servanda*.

Schließlich sind auch die Beschlüsse der Generalversammlung der Vereinten Nationen nicht geeignet, allgemeine Regeln des Völkerrechts zu erzeugen, denn sie begründen keine rechtliche Verbindlichkeit für die Mitgliedsstaaten und haben daher keinen Normcharakter. Sie können jedoch insoweit Bedeutung erlangen, als einstimmig oder mit großer Mehrheit gefaßte Beschlüsse die zur Gewohnheitsrechtsbildung erforderliche *opinio necessitatis* oder bei entsprechendem Inhalt allgemeine Rechtsgrundsätze nachweisen.

II. Die verfahrensrechtlichen Voraussetzungen einer Vorlage nach Artikel 100 Abs. II GG[85]

Ergeben sich im Verlauf eines Rechtsstreits Zweifel bei der Beantwortung einer im Zusammenhang mit Art. 25 GG stehenden Frage, dann hat das erkennende Gericht diese Frage dem Bundesverfassungsgericht vorzulegen. Streitig ist dabei, wer Zweifel hegen muß. Ist eine Vorlage zulässig, wenn das Gericht selbst zweifelt, oder genügt es, wenn einer oder mehrere Prozeßbeteiligte Zweifel äußern, oder muß die spezielle Frage in der Wissenschaft umstritten sein[86]?

Dem Zweck des Art. 100 Abs. II GG am nächsten kommt die Ansicht des Bundesverfassungsgerichts[87], wonach das erkennende Gericht nicht nur dann zur Vorlage verpflichtet ist, wenn es selbst Zweifel hat, sondern auch dann, wenn es sich mit seiner Meinung in Gegensatz zu den Lehren der Völkerrechtswissenschaft, hoher deutscher, ausländischer oder internationaler Gerichte oder eines Verfassungsorgans setzen würde.

Die Meinung, die es genügen läßt, daß Prozeßbeteiligte Zweifel geäußert haben, ist hingegen abzulehnen. Einzig und allein wenn das

---

[85] Zu den verfassungsrechtlichen Fragen, die Art. 100 Abs. II GG aufwirft, soll hier nur ein kurzer Überblick gegeben werden. Im übrigen kann auf die ausführliche Darstellung von *Stern*, Bonner Kommentar, Art. 100 GG, Rdnr. 204 ff. verwiesen werden.
[86] Vgl. zu dieser Frage *Geiger*, Kommentar, § 83 BVGG, Anm. 3; *Kraus*, S. 225; *Mosler*, Das Völkerrecht in der Praxis der deutschen Gerichte, S. 46 und *Stern*, Bonner Kommentar, Art. 100 GG, Rdnr. 237.
[87] BVerfG E v. 14. 5. 1968, NJW 1968, S. 1667 (1671 f.) m. w. N.

II. Voraussetzungen einer Vorlage nach Art. 100 Abs. II GG

Gericht selbst zweifelt oder wenn es bei pflichtgemäßer Prüfung, da seine eigene Ansicht im Gegensatz zu Auffassungen steht, die von gewichtigen Stimmen auf nationaler oder internationaler Ebene geäußert werden, Zweifel hegen muß, ist es verpflichtet, die zweifelhafte Frage dem Bundesverfassungsgericht vorzulegen.

Dies gilt jedoch nicht für jedes durch die Inkorporierung des allgemeinen Völkerrechts aufgeworfene Problem, vielmehr muß eine Einschränkung dahingehend gemacht werden, daß die Vorlage nur solcher Fragen zulässig ist, die für die Entscheidung des anhängigen Prozesses erheblich sind[88]. Diese Voraussetzung einer Vorlage ist zwar in Art. 100 Abs. II GG nicht ausdrücklich genannt, sie ergibt sich jedoch einmal aus den §§ 84 i. V. m. 80 Abs. II BVGG und außerdem auch aus dem Sinn und Zweck des Verfahrens nach Art. 100 Abs. II GG. Das erkennende Gericht hat nur die Aufgabe, einen konkreten Rechtsstreit zu entscheiden. Dabei auftretende völkerrechtliche Zweifelsfragen hat es dem Bundesverfassungsgericht zur Entscheidung vorzulegen. Es ist hingegen nicht Aufgabe des Gerichts, völkerrechtliche Fragen, die nicht entscheidungserheblich sind, vom Bundesverfassungsgericht klären zu lassen. Eine Vorlage beim Bundesverfassungsgericht, die nichts zur Entscheidung des beim erkennenden Gerichts anhängigen Rechtsstreits beiträgt, ist daher nicht zulässig.

Worauf sich die Zweifel des erkennenden Gerichts beziehen müssen, ist eine Frage, auf die sich eine sachgerechte Antwort nur finden läßt, wenn man die engen Beziehungen von Art. 100 Abs. II GG zu Art. 25 GG berücksichtigt. Wenn durch Art. 100 Abs. II GG einerseits der Bestand der durch Art. 25 GG inkorporierten Völkerrechtsregeln geklärt und andererseits die Wahrung einer einheitlichen Rechtsprechung hinsichtlich des in der BRD geltenden Völkerrechts erreicht werden soll; wenn des weiteren durch die ausschließliche Zuständigkeit des Bundesverfassungsgerichts die den allgemeinen Regeln des Völkerrechts gegenüber dem sonstigen rangmäßig unter der Verfassung stehenden Recht zuerkannte Bedeutung wirkungsvoll auch in verfahrensrechtlicher Hinsicht durchgesetzt werden soll, dann ist davon auszugehen, daß alle Zweifel, die ein Gericht hinsichtlich der Inkorporierung des allgemeinen Völkerrechts hat und die nicht schon durch Art. 25 GG selbst geklärt sind, zur Vorlage verpflichten.

Dem Wortlaut des Art. 100 Abs. II GG kann demgegenüber für diese Frage keine ausschlaggebende Bedeutung beigemessen werden, und

---

[88] Vgl. BVerfG E v. 30. 10. 1962, ZaöRV, Bd. 24, S. 283; E 4/319 (321); *Stern*, Bonner Kommentar, Art. 100 GG, Rdnr. 242; *Groß*, DRiZ 1965, S. 364; *Maunz-Sigloch* u. a., § 83 BVGG, Rdnr. 2 und *Geiger*, Kommentar, § 83 BVGG, Anm. 6.

zwar schon deshalb nicht, weil auch in Art. 100 Abs. II GG auf Art. 25 GG in vollem Umfang verwiesen wird[89].

Wenn auch die Fassung des Art. 100 Abs. II GG mit der des Art. 25 GG nicht vollständig übereinstimmt, kann daraus keine Beschränkung der Prüfungs- und Entscheidungsbefugnis des Bundesverfassungsgerichts im Hinblick auf Zweifelsfragen, die durch die Inkorporierung entstehen können, hergeleitet werden. Denn der Unterschied im Wortlaut der beiden Vorschriften dürfte wohl eher sprachlicher als sachlicher Natur sein.

Eine Vorlage durch das erkennende Gericht muß demgemäß dann zulässig sein, wenn Zweifel an der Existenz[90] einer Völkerrechtsregel bestehen. Das gleiche muß gelten bei Zweifeln hinsichtlich der Allgemeinheit[91], der Tragweite[92] und der den einzelnen verpflichtenden und/oder berechtigenden Wirkung[93] einer Völkerrechtsregel.

Erklärt man die Inkorporierung der allgemeinen Regeln des Völkerrechts in den innerdeutschen Rechtskreis im Sinne der modifizierten Transformationstheorie[94] oder der Vollzugslehre[95], dann ist die Frage, ob eine Vorlage zulässig ist, wenn nur Zweifel darüber bestehen, *ob* eine allgemeine Regel des Völkerrechts, die Bestandteil des Bundesrechts geworden ist, Rechte oder Pflichten für die Bewohner des Bundesgebiets begründet, negativ zu beantworten. Da beide Theorien der

---

[89] Ebenso BVerfG E v. 30. 10. 1962, ZaöRV, Bd. 24, S. 285 f. *Maunz-Sigloch* u. a., § 80 BVGG, Rdnr. 151 und auch *Stern*, Art. 100 GG, Rdnr. 248 haben, da der Wortlaut des Art. 100 Abs. II GG nicht sachgerecht sei, diesen extensiv ausgelegt und ihn dahingehend korrigiert, daß in dem Satz „ob eine Regel des Völkerrechts ... Bestandteil des Bundesrechtes ist *und* ob sie ... erzeugt" das *und* als *oder* zu lesen sei. Wenn man aber dem Wortlaut des Art. 100 Abs. II GG, soweit er sich auf Art. 25 GG bezieht, auch eine eigenständige Bedeutung und nicht nur Verweisungscharakter beimißt, dann sollte man auch das *und* in „Rechte *und* Pflichten" als *oder* lesen, denn eine Vorlage muß auch dann zulässig sein, wenn nur das eine oder das andere zweifelhaft ist.
[90] So auch *Stern*, a.a.O., Rdnr. 245, 253; *Mosler*, Das Völkerrecht in der Praxis der deutschen Gerichte, S. 46; *Münch*, JZ 1964, S. 165; BVerfG E v. 30. 10. 1962, ZaöRV, Bd. 24, S. 285. a. A. *Maunz-Sigloch* u. a., § 80 BVGG, Rdnr. 151 FN 3 unter Berufung auf BVerfG E 4/319 (321) und *Lechner*, S. 114.
[91] *Stern*, Bonner Kommentar, Art. 100 GG, Rdnr. 246 und *Lechner*, S. 114. Auch das BVerfG (E v. 30. 10. 1962, ZaöRV, Bd. 24, S. 285) wird man so verstehen können, daß die Zulässigkeit einer Vorlage nicht daran scheitern soll, daß das erkennende Gericht nur hinsichtlich der Allgemeinheit der Regel zweifelt.
[92] Vgl. *Stern*, a.a.O., Rdnr. 247; *Mosler*, Das Völkerrecht in der Praxis der deutschen Gerichte, S. 46; *Groß*, DRiZ 1965, S. 364; BVerfG E v. 30. 10. 1962, ZaöRV, Bd. 24, S. 284 und E v. 14. 5. 1968, NJW 1968, S. 1667 (1671) m. w. N.
[93] *Stern*, a.a.O., Rdnr. 248; *Mosler*, a.a.O., S. 45 f.; *Maunz-Sigloch* u. a., § 80 BVGG, Rdnr. 151, FN 4 und BVerfG E v. 30. 10. 1962, ZaöRV, Bd. 24, S. 285.
[94] Vgl. *Rudolf*, S. 172.
[95] *Partsch*, S. 20.

Auffassung sind, daß nur solche Völkerrechtsregeln inkorporiert werden, die sich schon ihrer Art nach an Organe und Individuen des Staates wenden, ist jene Frage untrennbar verknüpft mit der Frage nach der Existenz einer allgemeinen Regel des Völkerrechts im Sinne des Art. 25 GG.

Folgt man diesen Theorien, dann ist eine Vorlage wegen eines Zweifels hinsichtlich der von der Regel ausgehenden Individualberechtigung oder Individualverpflichtung nur dann möglich und zulässig, wenn die Zweifel sich auf das Ausmaß der Rechte und Pflichten beziehen.

Nach dem hier vertretenen Standpunkt, wonach Art. 25 Satz 2, 2. Halbsatz GG eigenständige Bedeutung hat, ergeben sich für eine Vorlage, auch wenn die ihr zugrunde liegenden Zweifel nur das Bestehen von Pflichten und Rechten der einzelnen auf Grund einer durch Art. 25 GG inkorporierten Regel betreffen, keine Hindernisse. Denn, wie oben dargelegt[96], nimmt Art. 25 Satz 2, 2. Halbsatz GG bei einer bestimmten Gruppe von allgemeinen Regeln des Völkerrechts einen Adressatenwechsel vor.

Die Klärung der Frage, ob eine Völkerrechtsregel zu dieser Gruppe gehört, d. h. ob die Regel, obwohl primär staatsgerichtet, wegen Art. 25 Satz 2, 2. Halbsatz GG doch Pflichten und Rechte der Individuen erzeugt, ist, wenn das Gericht in dieser Hinsicht zweifelt, durch Vorlage vom Bundesverfassungsgericht zu beantragen.

Abschließend kann daher festgestellt werden, daß das Bundesverfassungsgericht im Verfahren nach Art. 100 Abs. II GG über Existenz, Allgemeinheit und Tragweite einer Völkerrechtsregel und über die durch diese für den einzelnen begründeten Rechte oder Pflichten entscheidet, wenn ein erkennendes Gericht in dieser Hinsicht zweifelt und deshalb das Vorlageverfahren einleitet.

---

[96] Erstes Kapitel, Ziffer I.

Zweites Kapitel

Die Rechtsnatur der Normenqualifikationsentscheidungen

Von grundlegender Bedeutung für die Untersuchung der gesetzeskräftigen Normenqualifikationsentscheidungen des Bundesverfassungsgerichts und ihr Verhältnis zu Art. 25 GG ist die Klärung der Rechtsnatur dieser Entscheidungen. Erst die Erkenntnis darüber, zu welcher Staatstätigkeit sie gezählt werden müssen, wobei als Alternative nur die Gesetzgebung oder die Rechtsprechung in Betracht kommen[1], ermöglicht eine sinnvolle Erörterung ihrer Wirkungen, ihrer Geltungsdauer und ob und gegebenenfalls von wem sie aufgehoben oder abgeändert werden können.

Nach der Konzeption des Grundgesetzes (Art. 92 ff. GG) und des Bundesverfassungsgerichtsgesetzes (§ 1 BVGG) gehört das Bundesverfassungsgericht zur Judikative und übt rechtsprechende Funktionen aus. Aus dieser Einordnung in den Bereich der Rechtsprechung folgt jedoch nicht zwingend, daß jede Tätigkeit des Bundesverfassungsgerichts Rechtsprechungscharakter trägt[2]. Ein solcher Schluß wäre, um mit den Worten *Carl Schmitts*[3] zu sprechen, ein „gegenstandsloser Formalismus" und ist nicht geeignet, die rechtliche Natur der dem Bundesverfassungsgericht nach dem Grundgesetz zugewiesenen Funktionen zufriedenstellend zu erklären. Um das Wesen der Normenqualifikation erfassen zu können, muß daher zunächst einmal auf materielle Kriterien abgestellt werden, obwohl im Ergebnis auch formelle Gesichtspunkte nicht gänzlich unberücksichtigt bleiben können.

Der Grund für die Notwendigkeit, auch formelle Kriterien zur Abgrenzung heranzuziehen, liegt darin, daß es wohl kaum einen Staats-

---

[1] *Doehring*, Der „Pouvoir neutre" und das Grundgesetz, S. 219, hält es zwar für einen untauglichen Versuch, das BVerfG in das Schema der drei klassischen Gewalten einzuordnen, was bei Berücksichtigung von dessen gesamter Tätigkeit auch zutreffen mag. Um diese Frage geht es jedoch an dieser Stelle nicht. Vielmehr soll hier nur untersucht werden, ob sich die Tätigkeit des BVerfG speziell im Normenqualifikationsverfahren als Rechtsprechung oder als Gesetzgebung darstellt, was, wie sich zeigen wird, auch durchzuführen ist.
[2] Vgl. dazu *Doehring*, a.a.O., S. 212, der meint, daß aus der Tatsache, daß nach dem Grundgesetz die rechtsprechende Gewalt auch vom BVerfG ausgeübt wird, nicht auf dessen Gerichtscharakter geschlossen werden kann.
[3] Der Hüter der Verfassung, S. 37 f.

2. Kap.: Rechtsnatur der Normenqualifikationsentscheidung

akt geben wird, der nicht in mehr oder minder starkem Maße Elemente aller drei Staatsgewalten in sich trägt[4]. Sind in einem Staatsakt aber Elemente sowohl der Rechtsprechung als auch der Gesetzgebung und der Verwaltung annähernd gleich stark vorhanden, dann ist eine Zuordnung dieses Staatsaktes zu einer der drei Staatstätigkeiten ohne Rückgriff auf formelle Gesichtspunkte nicht mehr möglich[5].

Im Schrifttum wird weitgehend die Ansicht vertreten — wobei man im allgemeinen jedoch nur die abstrakte und konkrete Normenkontrolle untersucht —, daß die Tätigkeit des Bundesverfassungsgerichts in den Bereich der Rechtsprechung einzuordnen ist[6]. Es fehlt jedoch nicht an Stimmen, die eine Normenkontrollentscheidung als Legislativakt ansehen[7].

Es gibt nun sicherlich gute Gründe, die gegen die Annahme sprechen, die Normenkontrolle, aber auch die Normeninterpretation gemäß Art. 93 Abs. I Satz 1 GG seien ihrer Natur nach Rechtsprechung. Man braucht nur daran zu denken, daß bei einer Interpretation von Verfassungsnormen, die auch bei der Normenkontrolle vom Bundesverfassungsgericht vorgenommen wird, wegen ihres meist sehr abstrakt und weitgefaßten Wortlauts wohl nur selten nur *eine* Auslegung möglich sein wird. Sind aber mehrere Auslegungen möglich, dann wird die Entscheidung in die eine oder andere Richtung von Motivationen des Bundesverfassungsgerichts abhängen, in denen einmal die Wirkung der zu fällenden Entscheidung für die künftige Entwicklung im Staate berücksichtigt werden wird, und die zum anderen bedingt durch die Relevanz der Verfassungsgerichtsbarkeit für die Politik notwendig auch politischer Natur sein werden[8].

---

[4] Vgl. dazu *Thoma*, HdbDStR, Bd. II, S. 127.
[5] Vgl. *Menger*, S. 46 f.: „Die Frage, ob eine staatliche Tätigkeit Rechtsprechung ist oder nicht, ist also nicht nach dem Inhalt dieser Tätigkeit allein zu beantworten, sondern auch nach dem geltenden Verfassungsrecht."
[6] *Federer*, S. 40; *Scheuner*, DVBl 1952, S. 617; *Maunz-Sigloch* u. a., § 31 BVGG, Rdnr. 23; *Schuhmann*, S. 64; *Menger*, S. 45 ff.; *Goessl*, S. 42 f.; *Bettermann*, ZZP 72, S. 36 f.; *Stern*, Gesetzesauslegung, S. 114 f.; ders., Bonner Kommentar, Art. 100 GG, Rdnr. 35, jedoch vorsichtiger: „nicht reine Rechtsprechung"; *Lechner*, S. 194; *Eller*, S. 43 f.; *Bargou*, S. 30; *Wintrich-Lechner*, S. 713; *Schaefer*, S. 34 und *Oltmann*, S. 70, jedoch im Widerspruch zu seinen Äußerungen auf S. 6. Ebenso BGH GSZ Beschluß v. 20. 5. 54, JZ 1954, S. 492 und BVerfG E 3/225 (236). Anders jedoch BVerfG E 1/409: „jede Normenkontrolle (sei) begrifflich ein Hinübergreifen in die gesetzgeberische Sphäre". Vgl. im übrigen auch *Zeuner*, DÖV 1955, S. 336.
[7] So schon früher bezüglich der Normenkontrolle nach Art. 13 Abs. II WRV, *Triepel*, Streitigkeiten, S. 69 und wohl auch *Giese*, Anm. IV zu Art. 13 WRV. Zur Normenkontrolle durch das Bundesverfassungsgericht vgl. *Henke*, S. 450 ff. (453); *Böckenförde*, S. 67 und *Draht*, S. 94 ff. Zum schweizerischen Recht vgl. *Giacometti*, S. 5 f.
[8] Vgl. dazu auch *Doehring*, Der ‚Pouvoir neutre' und das Grundgesetz, S. 215.

Im Gegensatz zur Normenkontrolle und zur Normeninterpretation überwiegt jedoch bei der hier allein zu untersuchenden Normenqualifikation des Bundesverfassungsgerichts nach Art. 100 Abs. II GG der Rechtsprechungscharakter so stark, daß, soweit ersichtlich, bisher von keiner Seite behauptet worden ist, die Normenqualifikationsentscheidungen seien nicht Entscheidungen eines Gerichts, sondern Akte der Gesetzgebung.

Nun scheint zwar der Umstand, daß den Normenqualifikationsentscheidungen gemäß § 31 Abs. II BVGG Gesetzeskraft zukommt, d. h. daß sie die gleiche Wirkung wie Gesetze entfalten, Indiz für ihren legislativen Charakter zu sein.

Während der Weimarer Zeit wurde von einigen Autoren[9] auch angenommen, die im Verfahren nach Art. 13 Abs. II WRV mit Gesetzeskraft ergehenden Entscheidungen seien Akte der Gesetzgebung. Dabei wurde jedoch verkannt, daß durch die Ausstattung eines Staatsaktes mit der Kraft, die sonst wesensmäßig nur den Gesetzen zukommt, dieser Staatsakt selbst noch nicht zum Gesetz wird. Die den Normenqualifikationsentscheidungen kraft positiver Norm beigelegte Gesetzeskraft gibt daher für die Frage, ob die Normenqualifikation Rechtsprechung oder Gesetzgebung ist, nichts her, und sie muß deshalb für die vorzunehmende Abgrenzung außer acht gelassen werden.

Vergleicht man die Gesetzgebung, die im Regelfall in der Setzung genereller und abstrakter Normen besteht, und zwar auf Grund eines planend in die Zukunft schauenden, schöpferischen Gestaltungswillens, motiviert durch politische Zweckmäßigkeitserwägungen, mit der Tätigkeit des Bundesverfassungsgerichts im Normenqualifikationsverfahren, dann lassen sich kaum Gemeinsamkeiten zwischen diesen beiden Formen staatlichen Handelns erkennen. Im Gegensatz zur zukunftsgestaltenden Tätigkeit des Gesetzgebers hat das Bundesverfassungsgericht im Verfahren nach Art. 100 Abs. II GG nur festzustellen, was im Zeitpunkt der Entscheidung, d. h. *hic et nunc* gilt. Der Beurteilung des Bundesverfassungsgerichts liegt bei der Feststellung, ob eine allgemeine Regel des Völkerrechts Bestandteil des Bundesrechts ist, das im Zeitpunkt der Entscheidung geltende Völkerrecht zugrunde. Dieses hat es dahin zu erforschen, ob es die vom erkennenden Gericht vorgelegte allgemeine Regel des Völkerrechts im Sinne von Art. 25 GG enthält. Trifft dies zu, dann kann es die Inkorporierung dieser Regel feststellen.

Das Bundesverfassungsgericht hat also im Normenqualifikationsverfahren einem im Zeitpunkt der Entscheidung abgeschlossenen *Sach-*

---

[9] Vgl. *Lassar*, S. 107; *Triepel*, Streitigkeiten, S. 69 und *Friesenhahn*, HdbDStR, Bd. II, S. 526.

2. Kap.: Rechtsnatur der Normenqualifikationsentscheidung

verhalt zu bewerten. Es hat hingegen nicht eine die zukünftige Entwicklung berücksichtigende Willensentscheidung zu treffen[10].

Auch ist die nur deklaratorische Wirkung[11] der Normenqualifikationsentscheidungen in aller Regel Akten der Rechtsprechung, nicht jedoch den Gesetzen eigentümlich. Durch die Entscheidung wird nur festgestellt, daß eine allgemeine Regel des Völkerrechts in die deutsche Rechtsordnung inkorporiert worden ist; die objektive Rechtslage wird durch sie hingegen nicht umgestaltet. Demgegenüber haben Akte der Gesetzgebung konstitutive Wirkung, denn sie gestalten das Rechtsleben im Staate ihrem Inhalt gemäß um.

Für den Rechtsprechungscharakter der Normenqualifikationsentscheidungen spricht schließlich auch noch der Umstand, daß das Bundesverfassungsgericht im Verfahren nach Art. 100 Abs. II GG, wie übrigens auch in allen anderen Verfahren, nur auf Anstoß von außen hin tätig werden darf[12]. Dieses mehr formelle Merkmal ist typisch für die dritte Gewalt, die Rechtsprechung, denn der Gesetzgeber und im allgemeinen auch die Exekutive werden aus eigener Initiative tätig.

Gegen die Behauptung, die Normenqualifikation gehöre zur Rechtsprechung, kann andererseits eingewendet werden, daß das Fehlen von Parteien, wenn man nicht das vorlegende Gericht oder die in § 83 Abs. II BVGG genannten zum Beitritt Berechtigten als solche ansehen will, doch im Normalfall eine in der Rechtsprechung fremde Erscheinung ist.

Dieses Argument geht jedoch fehl, denn obwohl Verfahren ohne Parteien im Bereich der Rechtsprechung relativ selten vorkommen, sind sie doch nicht völlig unbekannt. In den Verfahren vor dem BGH nach den §§ 120 Abs. III GVG, 28 Abs. II FGG und 27 des Deutschen Auslieferungsgesetzes[13] gibt es auch keine Parteien. Es ist bisher jedoch

---

[10] Es soll nicht geleugnet werden, daß jede richterliche Entscheidung ein Willensmoment, „ein Element reiner Entscheidung, das nicht aus der Norm abgeleitet werden kann" (*Schmitt*, Der Hüter der Verfassung, S. 45) beinhaltet. Nur ist dieses Willensmoment eben nicht wie das des Gesetzgebers auf die zukünftige Gestaltung des Rechtslebens bezogen.
[11] So die herrschende Meinung, *Bettermann*, ZZP 72, S. 36 f.; *Kadenbach*, S. 419; *Maunz-Sigloch* u. a., § 31 BVGG, Rdnr. 23; *Geiger*, DRiZ 1951, S. 172; *v. Landsberg-Velen*, S. 122; *Schaefer*, S. 16, m. w. N. Ebenso das BVerfG E 1/14 (37), 7/111 (119), 8/51 (71). a. A. *Geiger*, Kommentar, § 31 BVGG, Anm. 13 und *Lechner*, § 31 BVGG, Anm. III c, die behaupten, daß unrichtige gesetzeskräftige Entscheidungen konstitutive Wirkung hätten. Dies ist nicht richtig. Auch bei einer unrichtigen Entscheidung bleibt die objektiv gegebene Rechtslage unverändert, nur kann sich wegen der gesetzeskräftigen Entscheidung niemand mehr darauf berufen. Man kann daher allenfalls von einer *praktisch* konstitutiven Wirkung der Entscheidung sprechen.
[12] Vgl. *Lechner*, S. 181; *Zeuner*, DÖV 1955, S. 336.
[13] Gesetz vom 23. 12. 1929 in der Fassung vom 12. 9. 1939.

50 2. Kap.: Rechtsnatur der Normenqualifikationsentscheidung

noch von keiner Seite behauptet worden, daß diese Verfahren deswegen nicht zur Rechtsprechung gehören.

Betrachtet man endlich die Tätigkeit des Bundesverfassungsgerichts im Normenqualifikationsverfahren und vergleicht sie mit der Tätigkeit eines ordentlichen Gerichts oder eines Verwaltungsgerichts bei der Prüfung entweder eines von einer Partei behaupteten Gewohnheitsrechtssatzes oder zum Beispiel auch einer allgemeinen Regel des Völkerrechts, die für den Ausgang eines Rechtsstreits von Bedeutung ist[14], dann wird deutlich, daß kein Unterschied zwischen diesen beiden Prüfungstätigkeiten besteht.

Allein die den Entscheidungen des Bundesverfassungsgerichts zukommende Gesetzeskraft hebt diese von den — nicht selbständigen — Zwischenentscheidungen anderer Gerichte über die genannten Fragen ab. Die Gesetzeskraft ist jedoch nicht wesensnotwendiges Element der Normenqualifikationsentscheidungen, sondern kraft Gesetzes (§ 31 Abs. II BVGG) den Entscheidungen verliehen, um ihre Allgemeinverbindlichkeit herbeizuführen. Sie kann daher, worauf schon oben hingewiesen wurde, den Charakter der Entscheidung nicht beeinflussen.

Sieht man von der für die Rechtsnatur der Normenqualifikationsentscheidungen irrelevanten Gesetzeskraft ab, dann sind diese Entscheidungen nichts anderes als Inzidententscheidungen[15], die zwar verselbständigt sind, sich ihrem Wesen nach aber durch nichts von den Inzidententscheidungen anderer Gerichte unterscheiden.

Es kann daher abschließend festgestellt werden, daß das Bundesverfassungsgericht, mögen auch in anderen Verfahren Zweifel an dem Rechtsprechungscharakter seiner Entscheidungen und an seiner Stellung als Gericht[16] bestehen, jedenfalls im Normenqualifikationsverfahren nach Art. 100 Abs. II GG Recht spricht und als Gericht entscheidet.

---

[14] Zwar hat das erkennende Gericht, bestehen Zweifel hinsichtlich einer allgemeinen Regel des Völkerrechts, die Frage dem BVerfG vorzulegen. Zunächst hat es jedoch selbst eine, wenn auch im Vergleich zu der vom BVerfG vorzunehmenden, weniger gründliche Prüfung durchzuführen, wobei sich herausstellen kann, daß begründete Zweifel gar nicht vorliegen.
[15] So mit Recht *Menger*, S. 44, Anm. 20.
[16] Vgl. *Forsthoff*, Die Umbildung des Verfassungsgesetzes, S. 58: das BVerfG „greift über die Institutionsgrenzen eines Gerichts weit hinaus..."; *Leibholz*, Strukturprobleme, S. 174: „Die Befugnisse (des BVerfG) mögen über den Bereich der reinen Rechtsprechung hinausgehen ..." Vgl. im übrigen *Doehring*, Der „Pouvoir neutre" und das Grundgesetz, S. 201 ff.

Drittes Kapitel

Die Wirkungen der Normenqualifikationsentscheidungen

Nachdem nunmehr geklärt ist, daß das Bundesverfassungsgericht im Normenqualifikationsverfahren reine Rechtsprechung übt, können, darauf aufbauend, im folgenden die Wirkungen der in diesem Verfahren ergehenden Entscheidungen untersucht werden.

Die Feststellung des Bundesverfassungsgerichts, die die Zugehörigkeit zum Bundesrecht einer allgemeinen Regel des Völkerrechts bejaht oder verneint, enthält notwendig auch eine Entscheidung über die Existenz oder Nichtexistenz der in Frage stehenden Regel im zwischenstaatlichen Bereich. Denn nur dann, wenn eine allgemeine Regel des Völkerrechts existiert, kann diese auch wegen Art. 25 GG Bestandteil des Bundesrechts geworden sein.

Beinhaltet nun eine Normenqualifikationsentscheidung sowohl einen Ausspruch über den Inhalt der Völkerrechtsordnung als auch eine Feststellung über die Zugehörigkeit eines Rechtsatzes zum innerstaatlichen Recht, dann stellt sich die Frage, ob diese Entscheidung, welche Aussagen über den Zustand zweier Rechtsordnungen enthält, auch in beiden Wirkungen hervorzubringen vermag. Es soll deshalb im folgenden zwischen externen — völkerrechtlichen — und internen — innerstaatlichen — Wirkungen der Normenqualifikationsentscheidungen getrennt werden.

I. Externe Wirkungen

Das Bundesverfassungsgericht ist ein nationales Gericht. Es ist ein staatliches Organ und leitet seine Existenz und seine Kompetenzen ausschließlich aus der innerstaatlichen Rechtsordnung ab. Deshalb ist auch die von ihm geübte Gerichtsbarkeit rein staatlicher Natur und kann nicht weiter reichen als die räumliche Erstreckung der Rechtsordnung, in welcher sie ihre Rechtsgrundlage findet.

Die Normenqualifikationsentscheidungen des Bundesverfassungsgerichts können folglich, auch wenn sie Feststellungen über Völkerrechtsnormen beinhalten, niemals unmittelbare rechtliche Wirkungen im völkerrechtlichen Bereich ausüben[1]. Das Bundesverfassungsgericht

---
[1] Vgl. BVerfG E 1/351 (371), 1/396 (412 f.), 16/220 (227).

mag zu Recht oder zu Unrecht die Existenz einer allgemeinen Regel des Völkerrechts bejahen oder verneinen, die völkerrechtliche Rechtslage bleibt davon zunächst unberührt, und aus diesem Grund ist auch kein Völkerrechtssubjekt an die Entscheidung des Bundesverfassungsgerichts gebunden. Eine Ausnahme davon bildet nur die BRD, deren Bindung an die Bundesverfassungsgerichtsentscheidung sich jedoch ausschließlich aus der innerstaatlichen Verbindlichkeit der Entscheidung für ihre Organe herleitet.

Wenn auch die Wirkungen der Normenqualifikationsentscheidungen nicht über die Grenzen der BRD hinausgehen, so darf dennoch nicht übersehen werden, daß diese Entscheidungen nicht gänzlich ohne Bedeutung für das Völkerrecht sind. Durch sie kann nämlich im Zusammenwirken mit anderen Indizien der Nachweis der Existenz von Völkergewohnheitsrecht erbracht werden.

Zur Bildung von Völkergewohnheitsrecht bedarf es einer *consuetudo* und der *opinio necessitatis* der Adressaten des werdenden Rechtssatzes.

Da nun diese Kriterien im allgemeinen schwer nachzuweisen sein werden, muß auf Indizien zurückgegriffen werden, um das Vorhandensein einer Gewohnheitsrechtsnorm zu belegen. Als Indizien sind nun aber die Entscheidungen der höchsten nationalen Gerichte von besonderer Bedeutung[2], denn durch sie kann, wenn in ihnen übereinstimmend die Geltung eines bestimmten Völkergewohnheitsrechtssatzes festgestellt wird, der Beweis für die tatsächliche Existenz desselben erbracht werden.

Obwohl also die Normenqualifikationsentscheidungen des Bundesverfassungsgerichts im völkerrechtlichen Bereich keine rechtliche Verbindlichkeit ausüben können, sind sie völkerrechtlich immerhin insoweit von Bedeutung, als, gestützt auf sie, der Nachweis für das Vorhandensein von Völkergewohnheitsrecht erbracht werden kann.

II. Interne Wirkungen

Da das Bundesverfassungsgericht ein staatliches Gericht ist und deshalb nicht mit völkerrechtlicher Verbindlichkeit judizieren kann, sind die rechtlichen Wirkungen der Normenqualifikationsentscheidungen ausschließlich auf den innerstaatlichen Bereich beschränkt.

Das Schrifttum, welches sich mit den Wirkungen der Bundesverfassungsgerichtsentscheidungen befaßt, ist kaum überschaubar. Meist werden jedoch nur die Wirkungen der Normenkontrollentscheidungen

---

[2] Vgl. auch Art. 38 Abs. I d IGH-Statut, wonach die Entscheidungen der Gerichte als subsidiäre Hilfsmittel zur Erschließung des Völkerrechts vom Internationalen Gerichtshof verwendet werden sollen.

II. Interne Wirkungen

untersucht, während die der Normenqualifikationen sehr selten Erwähnung finden[3]. Im folgenden kann aber wegen der Ähnlichkeit beider Entscheidungsgruppen in gewissem Umfang auf die Untersuchungen zu den Wirkungen der Normenkontrollentscheidungen zurückgegriffen werden.

Den Entscheidungen des Bundesverfassungsgerichts im Normenqualifikationsverfahren kommen prima facie drei verschiedene Wirkungen zu, und zwar zunächst einmal die formelle und materielle Rechtskraft, denn die Normenqualifikationsentscheidungen sind, wie festgestellt wurde, Akte der Rechtsprechung, welche als solche grundsätzlich in Rechtskraft erwachsen können. Daneben kommt diesen Entscheidungen nach § 13 Nr. 12 i. V. m. § 31 Abs. II BVGG Gesetzeskraft und außerdem die Bindungswirkung gemäß § 31 Abs. I BVGG zu, denn letztere wird von § 31 Abs. I BVGG ausnahmslos für alle Bundesverfassungsgerichtsentscheidungen angeordnet.

Daß die Normenqualifikationsentscheidungen gesetzeskräftig werden, unterliegt keinem Zweifel. Dies ergibt sich eindeutig aus § 31 Abs. II i. V. m. § 13 Nr. 12 BVGG. Es soll daher zunächst der Umfang und das Wesen der Gesetzeskraft untersucht werden, bevor auf die nicht so zweifelsfreien Fragen, nämlich ob die Normenqualifikationsentscheidungen in Rechtskraft erwachsen und ob ihnen auch Bindungswirkung zukommt, eingegangen werden wird.

1. Die Gesetzeskraft von Normenqualifikationsentscheidungen gemäß § 31 Abs. II BVGG

Die Ausstattung von Gerichtsentscheidungen mit der Wirkung, die sonst nur den Gesetzen zukommt, ist keineswegs eine völlig neuartige Erscheinung. Die Erfurter Unionsverfassung aus dem Jahre 1850, die jedoch niemals in Kraft getreten ist, sah in den §§ 123 ff. die Zuständigkeit des Reichsgerichts für Streitigkeiten zwischen Einzelstaaten und Reichsgewalt vor. In einem Ausführungsgesetz „über das Verfahren vor dem Reichsgericht in streitigen Rechtssachen" wurde in § 217 angeordnet, daß ein Erkenntnis des Reichsgerichts, welches ausspricht, daß die Reichsverfassung durch den Erlaß eines Reichsgesetzes verletzt worden ist, die Kraft eines Reichsgesetzes hat und im Reichsgesetzblatt bekanntzugeben ist.

Rund 70 Jahre später wurde in § 3 des zu Art. 13 Abs. II WRV ergangenen Ausführungsgesetzes vom 8. 4. 1920 den Entscheidungen nach Art. 13 Abs. II WRV Gesetzeskraft verliehen. Ebenso wurden verschiedene Entscheidungen des Reichsfinanzhofs gemäß § 6 des Landessteuer-

---
[3] z. B. bei *Windisch*, S. 137 und 220.

gesetzes vom 30. 4. 1920 und § 6 des Finanzausgleichsgesetzes vom 27. 4. 1926 gesetzeskräftig.

Nach 1945 wurde sowohl für verschiedene Staatsgerichtshöfe auf Landesebene durch die Landesverfassungen oder durch die Staatsgerichtshofsgesetze[4] als auch für das Bundesverfassungsgericht durch das Grundgesetz (Art. 94 Abs. II GG) angeordnet, daß bestimmte Entscheidungen dieser Gerichte gesetzeskräftig werden sollen.

Obwohl daher, wie dieser kurze geschichtliche Rückblick gezeigt hat, die Gesetzeskraft als Entscheidungswirkung schon früher nicht unbekannt war, besteht über diese bei Gerichtsentscheidungen an sich fremde Erscheinung wenig Klarheit.

Unter der Geltung der Weimarer Reichsverfassung war man sich darüber einig, daß die Gesetzeskraft einer Entscheidung die Bindung eines jeden an deren Ausspruch bewirkt[5]. Teilweise wurde jedoch behauptet, daß die Gesetzeskraft gar nicht nötig sei, denn diese könne „der Entscheidung des Gerichts nichts geben, was sie nicht schon auf Grund ihrer bloßen Rechtskraft besitzt"[6].

Noch weitergehend wird hinsichtlich des Wesens der Gesetzeskraft von Bundesverfassungsgerichtsentscheidungen von verschiedenen Autoren die Ansicht vertreten, daß diese sich in keiner Weise von der materiellen Rechtskraft unterscheide; ihr also keine eigenständige Bedeutung zukomme. Nur im Hinblick auf den Adressatenkreis unterscheide sich die Gesetzeskraft von der im allgemeinen *inter partes* wirkenden materiellen Rechtskraft. Denn von jener sei jedermann im räumlichen Geltungsbereich der Entscheidung betroffen. Die Gesetzeskraft sei daher die umfassendste Form der materiellen Rechtskraft, nämlich die Rechtskraft *inter omnes*[7].

Dieser Auffassung kann nicht zugestimmt werden. Erscheint es überhaupt fraglich, ob den Normenqualifikationsentscheidungen materielle Rechtskraft zukommt[8], so ergibt sich schon aus den verschiedenen von der Gesetzeskraft und der materiellen Rechtskraft verfolgten Zielen und ihren voneinander abweichenden Wirkungen, daß beide nicht wesensgleich sind.

---

[4] Vgl. z. B. § 23 Bad.-Württ. STGHG; Art. 69 Abs. IV Verfassung von Bad.-Württ.; §§ 43 Abs. I, 27 Abs. III, 30 Abs. IV, 35 Abs. II, 44, 49 Abs. I Hess. STGHG; Art. 133 Hess. Verfassung; Art. 136 Abs. II der Verfassung von Rheinland-Pfalz; Art. 20, 43, 45, 53 Abs. IV Bay. VerfGHG; § 8 Saarländ. VerfGHG; § 26 NRW VerfGHG.
[5] Vgl. *Lassar*, S. 108; *Coester*, S. 359; *Grau*, S. 327; *Hensel*, S. 328 f.; *Behr*, S. 438 und *Anschütz*, Art. 13 WRV, Anm. 5.
[6] *Jerusalem*, S. 173.
[7] Vgl. z. B. *Burmeister*, S. 115; *Stern*, Bonner Kommentar, Art. 100 GG, Rdnr. 139; *Schaefer*, S. 124 f.; *Bettermann*, ZZP 72, S. 36 f.; *Eller*, S. 99 f.; *Goessl*, S. 46 und *Holtkotten*, Bonner Kommentar, Art. 94 GG, S. 55 f.
[8] Diese Frage soll erst weiter unten behandelt werden.

II. Interne Wirkungen

Die materielle Rechtskraft ist eine reine Zweckschöpfung, die, um Rechtsfrieden und Rechtssicherheit zu gewährleisten, verhindern soll, daß die Geltungskraft einer Gerichtsentscheidung dadurch beeinträchtigt wird, daß eine zweite Entscheidung, welche inhaltlich von der ersten abweicht, in derselben Sache ergeht[9].

Nach der herrschenden prozessualen Rechtskrafttheorie[10] wird dieser Zweck mit der Rechtskraft *inter partes* dadurch erreicht, daß ein Gericht, welches in die Lage kommt, nochmals über eine bereits formell rechtskräftig entschiedene Sache zwischen denselben Parteien zu entscheiden, von dem ersten Urteil nicht abweichen darf, und zwar deshalb, weil das erste Urteil *für die Parteien* materielle Rechtskraft wirkt. Die Bindung des Richters an das erste Urteil ist also nur Folge der zwischen den Parteien wirkenden Rechtskraft[11]. Die von der materiellen Rechtskraft Betroffenen, und das sind außer den Parteien eines Rechtsstreits in aller Regel auch deren Rechtsnachfolger, haben daher keine Möglichkeit, eine von der ersten Entscheidung abweichende zweite Entscheidung in derselben Sache durch erneute Anrufung eines Gerichts zu erlangen. Sie sind hingegen keineswegs an den im Urteil enthaltenen materiellen Ausspruch gebunden. Sie können ihr Verhalten nach diesem einrichten, was der Regelfall sein dürfte, sie können jedoch auch das Urteil völlig ignorieren und das zwischen ihnen bestehende Rechtsverhältnis in einem vom Urteilsspruch abweichenden Sinn regeln.

Was für die materielle Rechtskraft *inter partes* gilt, muß auch für die materielle Rechtskraft *inter omnes* gelten, denn diese unterscheidet sich von jener nur dadurch, daß der Kreis der von ihr Betroffenen größer, und zwar allumfassend ist. Auch wenn eine Gerichtsentscheidung *inter omnes* Rechtskraft wirkt, kann das nur bedeuten, daß von keiner Seite in derselben Sache eine zweite, von der ersten inhaltlich abweichende Entscheidung durch Anrufung des zuständigen staatlichen Organs erlangt werden kann.

Hieran zeigt sich das Wesen der materiellen Rechtskraft als einer rein formalen sich nur im prozessualen Bereich auswirkenden Bindung[12]

---

[9] Vgl. *Willms*, JZ 1954, S. 526: „Einzig und allein das unabweisbare Bedürfnis der Herstellung und Bewahrung des Rechtsfriedens gibt der res iudicata ihre verbindliche Kraft." Siehe dazu auch *Rosenberg*, S. 730.
[10] Die materiellrechtliche Rechtskrafttheorie kann als überholt angesehen werden. Im Gegensatz zur prozessualen Theorie, die davon ausgeht, daß ein Urteil, besonders im Falle einer Fehlentscheidung, die objektive Rechtslage unberührt läßt, wird nach jener durch ein Urteil im konkreten Fall Recht gesetzt, d. h. das geltende Recht im Falle einer Fehlentscheidung im Einzelfall umgeformt.
[11] *Rosenberg*, S. 739.
[12] Die Bindung anderer staatlicher Stellen, z. B. der Verwaltungsbehörden, an ein materiell rechtskräftiges Urteil hat mit der materiellen Rechtskraft selbst nichts zu tun. Diese Bindung, die im verwaltungsrechtlichen Schrifttum meist als ‚Tatbestandswirkung' bezeichnet wird, hat ihren Grund darin,

der Parteien oder bei der Rechtskraft *inter omnes* eines jeden an die Entscheidung als solche, nicht jedoch an deren materiellen Inhalt.

Die materielle Rechtskraft will also nicht den Inhalt der formell rechtskräftigen Entscheidung in dem Sinne maßgeblich machen, daß jeder Betroffene daran gebunden ist und von ihrem Ausspruch nicht abweichen darf. Vielmehr soll die unanfechtbare Entscheidung aus Gründen der Wahrung des Rechtsfriedens und der Rechtssicherheit das letzte Wort des Staates in der Sache sein.

Die Gesetzeskraft ist demgegenüber von ganz anderer Natur. Sie zielt nicht darauf ab, die einzelne Bundesverfassungsgerichtsentscheidung vor einer ihr widersprechenden zweiten Entscheidung zu schützen, obwohl auch das, wie unten noch zu zeigen sein wird, von ihr erreicht wird. Ihr liegt vielmehr der Gedanke zugrunde, daß den Entscheidungen des innerhalb der BRD höchsten Gerichts, die unmittelbar in die Sphäre der Gesetzgebung dadurch eingreifen, daß sie eine Norm für gültig oder ungültig (§ 13 Nr. 6 und Nr. 11 BVGG), für fortgeltend (§ 13 Nr. 14 BVGG) oder schließlich als zur innerstaatlichen Rechtsordnung gehörend (§ 13 Nr. 12 BVGG) erklären, auch die Wirkung zukommen muß, die die Normen äußern, über die judiziert wird. Stellt das Bundesverfassungsgericht in einer Normenqualifikationsentscheidung die Zugehörigkeit einer Völkerrechtsregel zum Bundesrecht fest, dann soll durch die Gesetzeskraft jedermann gezwungen werden, von dem Inhalt dieser Entscheidung auszugehen, so als habe der Gesetzgeber selbst durch Gesetzesbeschluß deren Befolgung angeordnet. Die Wirkung einer gesetzeskräftigen Normenqualifikationsentscheidung ist daher dieselbe wie die eines Gesetzes[13] und liegt damit auf einer ganz anderen Ebene staatlicher Machtäußerung als die materielle Rechtskraft.

Ebenso wie die Wirkung der Gesetze dahin geht, daß jeder, den es angeht, sein Verhalten an dem Inhalt des Gesetzes auszurichten hat, und er das Gesetz, wenn es nicht dispositiver Natur ist, bei der Gestaltung seiner Rechtsbeziehungen nicht unberücksichtigt lassen darf, ist auch die Nichtbeachtung einer gesetzeskräftigen Normenqualifikations-

---

daß das unanfechtbare Urteil als Akt des gerade für diese Staatstätigkeit zuständigen Organs, eines Gerichts, von den anderen staatlichen Funktionsträgern deshalb zu respektieren ist, weil sie Teile ein und desselben Staates sind. Vgl. hierzu insbesondere *Forsthoff*, Lehrbuch, S. 101 m. w. N. und BVerwG E 4/317 (331). Im Gegensatz hierzu nimmt *Eller*, S. 12 ff., der jedoch von einer wohl überholten Rechtskrafttheorie ausgeht, an, daß auch diese Bindung innerhalb des Staates eine Wirkung der materiellen Rechtskraft ist.

[13] So unter der Geltung der WRV, *Behr*, S. 438 und *Coester*, S. 359. Zur Gesetzeskraft nach § 31 Abs. II BVGG vgl. *Schrag*, S. 101: „gesetzesgleiche Wirkung"; *Stern*, Bonner Kommentar, Art. 94 GG, Rdnr. 128: „gleiche verbindliche Kraft wie Gesetze"; *Geiger*, Kommentar, § 31 BVGG, Anm. 9: „Sie teilen mit der Norm nur ihre allgemeine Verbindlichkeit."

II. Interne Wirkungen

entscheidung wegen ihrer mit den Gesetzen identischen Wirkung nicht zulässig.

Äußert die materielle Rechtskraft nur Wirkungen, wenn die Situation eintritt, daß, obwohl eine formell rechtskräftige Entscheidung besteht, eine davon inhaltlich abweichende zweite Entscheidung in derselben Sache begehrt wird[14], so beeinflußt die Gesetzeskraft unmittelbar sowohl die Rechtssphäre des einzelnen als auch die Tätigkeit jedes staatlichen Organträgers und bindet auch dann, wenn eine neue Entscheidung gar nicht zur Debatte steht.

Eine gesetzeskräftige Entscheidung muß also von jedem immer dann befolgt werden, wenn eine Sachgestaltung eintritt, die in jener eine Regelung erfahren hat. Eine Ignorierung der gesetzeskräftigen ist im Gegensatz zur rechtskräftigen Entscheidung nicht möglich. Einem solchen Verhalten würde ebenso wie bei Nichtbeachtung eines Gesetzes der Vorwurf der Unrechtmäßigkeit anhaften. Die Gesetzeskraft bewirkt folglich, daß jedermann an den *Inhalt* der Normenqualifikationsentscheidung gebunden ist und sich der in ihr enthaltenen Regelung beugen muß. Sie ist daher nicht wie die materielle Rechtskraft prozessualer, sondern materiellrechtlicher Natur[15]. Anders formuliert heißt das, daß die Gesetzeskraft, während die materielle Rechtskraft nur das *Verbot* einer zweiten inhaltlich von der ersten abweichenden Entscheidung beinhaltet, das *Gebot* an jeden, den es angeht, richtet, die Entscheidung so zu befolgen, als handele es sich bei ihr um eine vom Gesetzgeber erlassene Norm.

An dieser Gegenüberstellung zeigt sich, daß die Rechtsinstitute der Gesetzeskraft und der materiellen Rechtskraft nicht gleichgesetzt werden können, sondern ihrem Charakter nach wesensverschieden sind[16].

Bisher wurde nur die Frage der Identität zwischen Gesetzeskraft und materieller Rechtskraft behandelt. Da diese zu verneinen ist und die im Schrifttum und in der Rechtsprechung herausgearbeiteten Eigen-

---

[14] Vgl. *Geiger*, Kommentar, § 31 BVGG, Anm. 3: „Die materielle Rechtskraft ... erzeugt die Bindung nur, wenn dieselbe Sache erneut streitig wird, und nur, wenn sie noch einmal Gegenstand eines gerichtlichen Verfahrens wird."

[15] So auch *Windisch*, S. 218. Ebenso für die Bindungswirkung nach § 31 Abs. I BVGG auch *Maunz-Sigloch* u. a., § 31 BVGG, Rdnr. 11.

[16] Während der Weimarer Zeit wurde diese Auffassung hinsichtlich des § 3 des AG zu Art. 13 Abs. II WRV schon vertreten von *Coester*, S. 359 und *Behr*, S. 438: „Die Gesetzeskraft, die unabhängig von einem Streitverfahren besteht, kann nicht die gleiche Wirkung haben, wie die aus dem Prozeßrechtsverhältnis entspringende Rechtskraft." Zwischen Rechtskraft und Gesetzeskraft unterscheidet auch BGH GSZ, JZ 1954, S. 492. Zwischen der Rechtskraft und der Bindungswirkung, welche sich, worauf weiter unten noch einzugehen sein wird, nur bezüglich der Zahl ihrer Adressaten von der Gesetzeskraft unterscheidet, trennen deutlich: *Pfeiffer*, S. 267; *Baring*, S. 67; *Windisch*, S. 202; *Schrag*, S. 54 f. und *Maunz-Sigloch* u. a., § 31 BVGG, Rdnr. 5. Ebenso BVerfG E 4/31 (38).

schaften der materiellen Rechtskraft für die Gesetzeskraft deshalb keine Geltung beanspruchen können, muß im folgenden näher auf die Besonderheiten der Gesetzeskraft eingegangen werden.

Vermöge der Gesetzeskraft wird jeder Bürger und jede staatliche Stelle[17] innerhalb des Bundesgebiets an die Normenqualifikationsentscheidungen des Bundesverfassungsgerichts gebunden, denn da das Bundesverfassungsgericht ein Organ des Bundes ist, deckt sich der räumliche Geltungsbereich seiner Entscheidungen mit dem Bundesgebiet.

Was den sachlichen, gegenständlichen Umfang der Gesetzeskraft angeht, so kann sich dieser nicht auf die ganze Entscheidung erstrecken, vielmehr ist er beschränkt auf den Entscheidungstenor. Nur das, was in der Entscheidungsformel niedergelegt ist, kann allgemeine Verbindlichkeit beanspruchen[18]. Diese Auffassung findet ihre Bestätigung nicht nur im Wortlaut des § 31 Abs. II BVGG, besonders nach dessen Änderung im Jahre 1963[19], sondern auch darin, daß der in Gesetzeskraft erwachsende Teil einer Entscheidung wegen seiner gesetzesgleichen Wirkung ein rechtssatzähnlicher Ausspruch sein muß. Diese Voraussetzung wird jedoch bei einer Gerichtsentscheidung nur vom Tenor erfüllt.

Es wird teilweise die Meinung vertreten, die Gesetzeskraft komme nur negativen Entscheidungen des Bundesverfassungsgerichts zu[20]. Andererseits wird aber auch speziell für die Normenqualifikationsentscheidungen von *Windisch*[21] behauptet, nur die positiven Entscheidungen könnten in Gesetzeskraft erwachsen. Überwiegend[22] wird jedoch zu Recht angenommen, daß sowohl positive als auch negative Entscheidungen gesetzeskräftig werden. Aus dem Gesetz ergibt sich für die differenzierenden Meinungen kein Anhaltspunkt. § 31 Abs. II BVGG normiert die Gesetzeskraft schlechthin für alle Entscheidungen der dort aufgeführten Verfahrensarten.

Auch aus der Entstehungsgeschichte ergibt sich nichts, was für eine solche Differenzierung sprechen könnte. Eher das Gegenteil ist der Fall.

---

[17] *Lechner*, S. 195; *Stern*, Bonner Kommentar, Art. 94 GG, Rdnr. 28; *Wintrich-Lechner*, S. 713.
[18] *Eller*, S. 101; *Baring*, S. 66; *Kadenbach*, S. 386; *Jesch*, S. 528, Anm. 2; *Maunz-Sigloch* u. a., § 31 BVGG, Rdnr. 29; *Geiger*, Kommentar, § 31 BVGG, Anm. 11; *Schäfer*, NJW 1954, S. 1467; *Schneider*, DVBl 1954, S. 187 und *Schaefer*, S. 51 m. w. N.
[19] Drittes Gesetz zur Änderung des Gesetzes über das Bundesverfassungsgericht vom 3. 8. 1963, BGBl I, S. 589.
[20] *Arndt*, DVBl 1952, S. 4; *Stern*, Gesetzesauslegung, S. 113; neuerdings hat Stern jedoch seine Meinung revidiert (vgl. Bonner Kommentar, Art. 94 GG, Rdnr. 128); *von Mangoldt*, Art. 94 GG, Anm. 6.
[21] S. 137: „Die Feststellung der Nicht-Geltung einer Regel des Völkerrechts im Bunde ist der Gesetzeskraft nicht fähig."
[22] *Lechner*, S. 194; *Geiger*, Kommentar, § 31 BVGG, Anm. 9; *Schrag*, S. 106; *v. Landsberg-Velen*, S. 122; *Maunz-Sigloch* u. a., § 31 BVGG, Rdnr. 28; *Bargou*, S. 42 f. und BVerfG E 1/14 ff.

II. Interne Wirkungen

Der Herrenchiemsee-Entwurf (§ 99 Abs. II) sah vor, daß nur solche Entscheidungen, die die Nichtigkeit oder Teilnichtigkeit eines Gesetzes feststellen, in Gesetzeskraft erwachsen.

Diese Regelung ist jedoch, wie Art. 94 Abs. II GG zeigt, gerade nicht Gesetz geworden. Daraus läßt sich immerhin der Schluß ziehen, daß der Gesetzgeber bei der endgültigen Normierung der Gesetzeskraft keinen Unterschied zwischen positiven und negativen Entscheidungen machen wollte.

Es ist auch unrichtig, wenn *Stern*[23] meint, daß die Gesetzeskraft nur für die Fälle Sinn zu haben scheine, in denen das Bundesverfassungsgericht eine Norm für nichtig erklärt. Auch positive Entscheidungen haben eine Wirkung, die nicht übersehen werden darf. Erklärt nämlich das Bundesverfassungsgericht, z. B. im Verfahren nach Art. 100 Abs. I GG, daß ein Bundesgesetz mit dem Grundgesetz vereinbar ist, dann bewirkt die Gesetzeskraft, daß jedermann fortan von der Verbindlichkeit der vom Bundesverfassungsgericht geprüften Norm ausgehen muß und von keiner Seite deren Unvereinbarkeit mit dem Grundgesetz behauptet werden kann[24]. Mit der gebotenen Vorsicht kann man vielleicht sogar sagen, daß die Wirkungen eines jeden Gesetzes, welches auf seine Vereinbarkeit mit höherrangigem Recht überprüft werden kann, auflösend bedingt ist durch eine negative gesetzeskräftige Entscheidung des Bundesverfassungsgerichts und diese Bedingung erst dann wegfällt und das Gesetz uneingeschränkt gilt, wenn eine positive gesetzeskräftige Entscheidung ergangen ist.

Entgegen *Windisch*[25] ist auch für den Fall, daß das Bundesverfassungsgericht im Verfahren nach Art. 100 Abs. II GG feststellt, daß eine bestimmte Regel des Völkerrechts nicht Bestandteil des Bundesrechts ist, davon auszugehen, daß diese Entscheidung in Gesetzeskraft erwächst. Der Ansicht von Windisch kann schon deshalb nicht zugestimmt werden, weil ihr Ausgangspunkt unrichtig ist.

Windisch[26] meint, daß die außerhalb der BRD entstandenen Rechtssätze, nämlich die allgemeinen Regeln des Völkerrechts, im Normenqualifikationsverfahren durch die Feststellung des Bundesverfassungsgerichts, daß sie nun *mit dem Grundgesetz vereinbar* im Bunde gelten, ergänzt werden. Diese Feststellung habe Gesetzeskraft, weil die geprüfte Norm insoweit ergänzungsfähig sei.

Geht man davon aus, daß die Regeln des Völkerrechts im Hinblick auf die Feststellung ihrer Vereinbarkeit mit dem Grundgesetz ergänzungsfähig sind und diese Feststellung im Verfahren nach Art. 100

---
[23] *Stern*, Gesetzesauslegung, S. 112.
[24] Vgl. dazu *Bargou*, S. 42 f.
[25] S. 137.
[26] S. 220.

Abs. II GG getroffen und nur sie gesetzeskräftig wird, dann ist es folgerichtig, daß bei Verneinung der Zugehörigkeit einer Regel des Völkerrechts zum Bundesrecht der Entscheidung keine Gesetzeskraft zukommen kann. Denn in diesem Fall ist kein innerstaatlicher Rechtssatz gegeben, der durch die gesetzeskräftige Feststellung des Bundesverfassungsgerichts ergänzt werden könnte.

Im Normenqualifikationsverfahren spielt jedoch die Frage, ob der betreffende Völkerrechtssatz mit dem Grundgesetz vereinbar ist, keine Rolle. In diesem Verfahren soll nur die Zugehörigkeit einer außerstaatlichen Norm zur innerstaatlichen Rechtsordnung geprüft werden, nicht aber, ob jene mit dieser auch übereinstimmt. Das Problem der Normenkollision zwischen einer Völkerrechtsregel und einem innerstaatlichen Rechtssatz ist nicht eine Frage der Normenqualifikation, sondern der Normenkontrolle.

Es mag hier dahingestellt bleiben, ob es nicht zweckmäßiger wäre, eine Normenkontrolle, in der die Vereinbarkeit einer Völkerrechtsregel mit innerstaatlichem Recht geprüft wird, anstatt im Verfahren nach Art. 100 Abs. I GG auch im Verfahren nach Art. 100 Abs. II GG durchzuführen[27], denn auch wenn man dies befürworten würde, wäre damit keineswegs gesagt, daß das Bundesverfassungsgericht bei der Normenqualifikation auch die Vereinbarkeit der Völkerrechtsregel mit innerstaatlichem Recht feststellt. Es müßte dann vielmehr getrennt werden zwischen der eigentlichen Normenqualifikation nach Art. 100 Abs. II GG, in welcher nur die Zugehörigkeit einer Regel zum Bundesrecht festgestellt wird und der Normenkontrolle nach der gleichen Vorschrift, die immer dann in Frage käme, wenn eine Kollision zwischen innerstaatlichem Recht und einer schon inkorporierten Völkerrechtsregel zu prüfen ist. Die Frage der Vereinbarkeit einer Völkerrechtsregel mit dem Grundgesetz könnte dann nur bei der Normenkontrolle, nicht jedoch bei der Normenqualifikation geprüft werden.

Die Ansicht von Windisch ist daher abzulehnen, und es ist davon auszugehen, daß die Normenqualifikationsentscheidungen in jedem Fall, ob die Zugehörigkeit einer allgemeinen Regel des Völkerrechts zum Bundesrecht nun bejaht oder verneint wird, der Gesetzeskraft fähig sind[28].

Verneint das Bundesverfassungsgericht gesetzeskräftig die Inkorporierung einer Völkerrechtsregel, dann hat eine solche Entscheidung zunächst dieselben Wirkungen wie eine gesetzeskräftige Entscheidung,

---

[27] Vgl. dazu *Stern*, Bonner Kommentar, Art. 100 GG, Rdnr. 221 ff. Stern ist der Ansicht, daß nur die Vereinbarkeit zwischen Völkerrecht und im Verhältnis zu diesem niederrangigerem Bundesrecht im Verfahren nach Art. 100 Abs. II GG geprüft werden sollte, nicht jedoch die Vereinbarkeit einer Völkerrechtsregel mit dem Grundgesetz (*Stern*, a.a.O., Rdnr. 226).
[28] So auch *Schäfer*, NJW 1954, S. 1467.

II. Interne Wirkungen

in der eine Bundes- oder Landesrechtsnorm als mit dem Grundgesetz nicht vereinbar erklärt wird. Jedermann hat die Norm, die Gegenstand des Verfahrens war, außer Anwendung zu lassen, niemand kann sich mehr auf sie berufen, und kein staatliches Organ darf sie künftig zur Grundlage seines Handelns machen.

Die gesetzeskräftige Normenqualifikationsentscheidung ist nur insoweit von einer gesetzeskräftigen Normenkontrollentscheidung verschieden, als diese durch die Feststellung, ein Gesetz sei mit dem Grundgesetz nicht vereinbar, auch den bis dahin bestehenden Schein der Verfassungsmäßigkeit der Norm beseitigt[29], durch jene hingegen nicht einmal der Schein einer in der Rechtsordnung der BRD existierenden Norm beseitigt wird. Denn besteht eine behauptete Regel des Völkerrechts nicht, dann kann sie auch im innerdeutschen Rechtskreis den Schein ihrer Geltung nicht erwecken. Die negative Normenqualifikationsentscheidung mit Gesetzeskraft hat daher nur die Wirkung, daß jedwedes staatliche oder private auf die angebliche Regel begründete Verhalten und die Berufung auf sie ausgeschlossen sind.

Wird andererseits gesetzeskräftig festgestellt, daß eine Völkerrechtsregel Bestandteil des Bundesrechts ist[30], dann bewirkt die Gesetzeskraft, daß jedermann von der Geltung dieser Regel ausgehen muß und ihre Existenz nicht leugnen kann[31].

Die Gesetzeskraft einer positiven Normenqualifikationsentscheidung hat aber in praxi noch eine darüber hinausgehende Wirkung, welche bei sonstigen gesetzeskräftigen Entscheidungen nicht gegeben ist. Während nämlich z. B. bei einer gesetzeskräftigen Normenkontrollentscheidung, in der die Vereinbarkeit einer Norm mit höherrangigem Recht festgestellt wird, nur diese Feststellung, nicht aber auch die geprüfte Norm von der Gesetzeskraft der Entscheidung erfaßt wird, ergreift die Gesetzeskraft einer positiven Normenqualifikationsentscheidung im

---

[29] Das Gesetz wird durch die gesetzeskräftige Entscheidung nicht beseitigt. Denn es war schon im Zeitpunkt des ersten Widerspruches mit dem Grundgesetz objektiv nichtig. Nur der Schein der Gültigkeit, welcher zunächst jedem Gesetz anhaftet, wird durch die Entscheidung des Bundesverfassungsgerichts endgültig beseitigt. Daraus folgt auch, daß eine Normenkontrollentscheidung ebenso wie eine Normenqualifikationsentscheidung keine konstitutive Kraft hat. Sie stellen nur fest, was bereits eingetreten ist, und haben deshalb deklaratorischen Charakter. So schon unter der Geltung der WRV *Hensel*, S. 328 f. Hinsichtlich der Normenkontrolle nach dem Grundgesetz: *Stern*, Bonner Kommentar, Art. 100 GG, Rdnr. 141; *Schrag*, S. 101; *Holtkotten*, Bonner Kommentar, Art. 94 GG, S. 55 f.; *Eller*, S. 100 und das BVerfG E 1/37, 7/119, 8/71.

[30] Diese Entscheidung kann auch nur deklaratorisch sein, denn für die Geltung einer allgemeinen Regel des Völkerrechts in der BRD kommt es allein darauf an, ob sie durch Art. 25 GG inkorporiert worden ist, nicht jedoch auf die Entscheidung des Bundesverfassungsgerichts.

[31] Bisher hat das Bundesverfassungsgericht jedoch noch keine Gelegenheit gehabt, eine positive Normenqualifikationsentscheidung zu fällen.

Ergebnis nicht nur die Feststellung, die Völkerrechtsregel sei Bestandteil des Bundesrechts, sondern auch den in der Entscheidung niedergelegten Inhalt der Regel. Es wird dabei nicht verkannt, daß die Verbindlichkeit der Regel sich theoretisch aus ihr selbst als Bestandteil des Bundesrechts ergibt, nicht jedoch in der Gesetzeskraft der Entscheidung begründet ist. Da jedoch die Völkerrechtsregeln, die Gegenstand der Normenqualifikation sind, grundsätzlich nicht kodifiziert sind, und sie eine Formulierung nur in der Entscheidung des Bundesverfassungsgerichts finden, folgt, daß sie wegen der Gesetzeskraft so angewendet werden müssen, wie sie in der Entscheidung festgestellt sind. Es ist also nicht möglich, die Behauptung aufzustellen, zwar sei die Regel Bestandteil des Bundesrechts, ihr Inhalt sei jedoch anders geartet als vom Bundesverfassungsgericht festgestellt. Ebensowenig kann jemand mit der Behauptung gehört werden, die Regel begründe nicht die in der Entscheidung ausgesprochene Verpflichtung, oder aus ihr ergebe sich eine Berechtigung, die mit der vom Bundesverfassungsgericht festgestellten nicht identisch sei. Im Ergebnis ersetzt daher, ist man sich dieser Besonderheit der Normenqualifikationsentscheidung bewußt, das Verfahren nach Art. 100 Abs. II GG das Gesetzgebungsverfahren, ohne daß dabei jedoch die Tätigkeit des Bundesverfassungsgerichts als solche legislativen Charakter erlangt.

Die Gesetzeskraft gemäß § 31 Abs. II BVGG bewirkt also, daß sämtliche Normenqualifikationsentscheidungen von jedem, den es angeht, so befolgt werden müssen, als seien sie Gesetze mit innerstaatlich unbegrenzter räumlicher und persönlicher Geltung.

Aus der allgemeinen Verbindlichkeit des zeitlich nicht fixierten Inhalts der Normenqualifikationsentscheidung folgt aber auch, daß die Feststellungen des Bundesverfassungsgerichts hinsichtlich eines Völkerrechtssatzes nicht nur allen gegenwärtigen, einschlägigen Sachgestaltungen zugrunde zu legen sind, sondern auch in zukünftigen Fällen für jeden verbindlich sind[32]. Das heißt, daß alle staatlichen Stellen und jeder einzelne Bürger, sollte einmal die vom Bundesverfassungsgericht getroffene Feststellung in irgendeiner Form für ihr Handeln von Bedeutung sein, von dieser ohne weiteres ausgehen müssen.

Diese durch die Gesetzeskraft bedingte Allgemeinverbindlichkeit der Normenqualifikationsentscheidungen auch in der Zukunft kann dann äußerst problematisch werden, wenn sich infolge eines Wandels des Völkerrechts die der Normenqualifikationsentscheidung zugrunde liegende Regel ändert, untergeht oder überhaupt erst entsteht. Ein solcher Wandel würde sich nämlich wegen der automatischen und perpetuierlichen Inkorporierung des Art. 25 GG in den innerstaatlichen Bereich

---

[32] *Eller*, S. 107; *Holtkotten*, Bonner Kommentar, Art. 93 GG, S. 30; *Lechner*, S. 115 und *Schrag*, S. 93.

II. Interne Wirkungen

übertragen und ein Auseinanderklaffen zwischen der Feststellung des Bundesverfassungsgerichts und dem innerstaatlich geltenden Völkerrecht verursachen.

Die dabei entstehende Frage, ob die gesetzeskräftige Normenqualifikationsentscheidung in einem solchen Fall, trotz der veränderten Verhältnisse, noch allgemein verbindlich ist oder ob hinsichtlich ihrer Verbindlichkeit gewisse Einschränkungen gemacht werden müssen, soll jedoch erst weiter unten[33] behandelt werden.

Dieses Problem kann erst dann zufriedenstellend gelöst werden, wenn die Wirkungen der Normenqualifikationsentscheidungen vollständig geklärt sind.

Im folgenden soll deshalb zunächst untersucht werden, ob den Normenqualifikationsentscheidungen außer der Gesetzeskraft noch andere Urteilswirkungen zukommen, nämlich die Bindung gemäß § 31 Abs. I BVGG und die materielle Rechtskraft.

2. Die Bindungswirkung von Normenqualifikationsentscheidungen gemäß § 31 Abs. I BVGG

Nach dem Wortlaut des § 31 Abs. I BVGG[34] scheint es keinem Zweifel zu unterliegen, daß die Normenqualifikationsentscheidungen, wie überhaupt alle gesetzeskräftigen Bundesverfassungsgerichtsentscheidungen, die in § 31 Abs. I BVGG beschriebene Bindungswirkung entfalten[35]. Denn in dieser Vorschrift wird ohne Ausnahme angeordnet, daß die Entscheidungen des Bundesverfassungsgerichts die Verfassungsorgane des Bundes und der Länder sowie alle Gerichte und Behörden binden.

Zu einem anderen Ergebnis könnte man dann kommen, wenn sich bei näherer Betrachtung erweisen würde, daß die Bindung nach § 31 Abs. I BVGG keinen Unterschied zu der Gesetzeskraft nach § 31 Abs. II BVGG aufweist oder sie im Verhältnis zu dieser nur ein *minus*, nicht aber ein *aliud* oder *plus* ist. Wäre das zutreffend, dann könnte die Bindungswirkung der Normenqualifikationsentscheidung nichts geben, was diese nicht schon auf Grund der ihr zukommenden Gesetzeskraft hat; sie wäre daher für eine gesetzeskräftige Entscheidung sinnlos. Da aber etwas Sinnloses weder vom Gesetzgeber beabsichtigt noch vom Gesetz

---
[33] Siehe Viertes Kapitel.
[34] Die Auffassung *Thiemes* (ZBR 1954, S. 195), § 31 Abs. I BVGG sei nichtig, weil verfassungswidrigen Inhalts und verfassungswidrig zustandegekommen, läßt sich mit den von Thieme angeführten Gründen nicht halten. Siehe dazu die überzeugende Widerlegung Thiemes von *Jesch*, JZ 1954, S. 528 f. Vgl. auch *Kadenbach*, S. 389 und *Schäfer*, NJW 1954, S. 1466.
[35] Zur Geschichte der Bindungswirkung vgl. *Eller*, S. 50 f. und BGH GSZ, in: JZ 1954, S. 491 f.

selbst gewollt sein kann, müßte man davon ausgehen, daß eine gesetzeskräftige Normenqualifikationsentscheidung nicht auch bindend gemäß § 31 Abs. I BVGG wird.

Ein Unterschied zwischen der Bindungswirkung und der Gesetzeskraft könnte darin liegen, daß sich die Bindungswirkung nicht nur auf den Tenor der Entscheidung, so wie die Gesetzeskraft[36], sondern auch auf die sogenannten tragenden Entscheidungsgründe bezieht.

Das Problem der Bindung an die tragenden Entscheidungsgründe hat vor rund 15 Jahren in Literatur und Rechtsprechung große Beachtung gefunden und wurde demgemäß in einer Fülle von Aufsätzen, Dissertationen und Entscheidungen behandelt[37].

An dieser Stelle soll nicht nochmals in aller Ausführlichkeit auf diese Frage eingegangen werden. Einmal weil sie für die vorliegende Untersuchung nur von untergeordneter Bedeutung ist, und zum anderen deshalb, weil sich kaum neue Argumente für die eine oder andere Meinung finden lassen[38].

Für die wohl herrschende Meinung, die entgegen der Auffassung des Bundesverfassungsgerichts auf dem Standpunkt steht, daß nur der Tenor einer Entscheidung Bindungswirkung entfalten könne, nicht jedoch auch die tragenden Entscheidungsgründe, sprechen die besseren Argumente, und ihr ist daher im Ergebnis zuzustimmen.

Gegen eine Bindung auch der Entscheidungsgründe spricht schon ein Vergleich der beiden Absätze des § 31 BVGG. Während nämlich die Gesetzeskraft nach § 31 Abs. II BVGG, die nur den wichtigsten und bedeutsamsten Bundesverfassungsgerichtsentscheidungen zukommt, auf den Tenor beschränkt ist, soll die Bindungswirkung, die grundsätzlich jeder Entscheidung des Bundesverfassungsgerichts zukommt und die gegenüber der Gesetzeskraft zumindest in subjektiver Hinsicht geringere Wirkung entfaltet, nicht nur den Tenor, sondern auch den tragenden Gründen Verbindlichkeit verleihen. Es dürfte dem Sinn des § 31

---
[36] Vgl. dazu die in diesem Kapitel unter FN 18 genannten Autoren.
[37] Für die Bindung auch an die Entscheidungsgründe haben sich ausgesprochen: *Geiger*, Kommentar, § 31 BVGG, Anm. 6; ders., NJW 1954, S. 1057 ff.; *Forsthoff*, DVBl 1954, S. 69; *Reinhardt*, RdA 1954, S. 41 ff.; *Oltmann*, S. 73 (einschränkend) und *Maunz-Sigloch* u. a., § 31 BVGG, Rdnr. 12. Ebenso BVerfG E 1/14 (37), 2/79 (88), 3/261 (264), 12/338 i. V. m. 11/150, 20/56 (88) und das BVerwG E 3/226 (227), 13/317 (323 f.).
a. A. *Willms*, JZ 1954, S. 526; *Bursche*, S. 598; *Jesch*, JZ 1954, S. 530; *Scheuner*, DÖV 1954, S. 646 f.; *Schneider*, DVBl 1954, S. 186; *Arndt*, DVBl 1952, S. 1 ff.; *Bachof*, DÖV 1954, S. 36; *Schäfer*, NJW 1954, S. 1465; *Schaefer*, S. 98 ff.; *Schrag*, S. 58; *Eller*, S. 50 ff.; *Sellschopp*, DÖV 1954, S. 324 ff.; *Stumpfe*, NDBZ 1954, S. 84 f. Aus der Rechtsprechung vgl. z. B. BGH GSZ, in: JZ 1954, S. 489; BGH, in: NJW 1955, S. 429 f.; BayVerfGH E v. 31. 7. 1952, in: DÖV 1953, S. 21.
[38] Vgl. zu den verschiedenen Auffassungen zusammenfassend *Eller*, S. 50 ff.; *Schaefer*, S. 98 ff.; *Schneider*, DVBl 1954, S. 186 und *Oltmann*, passim.

II. Interne Wirkungen

BVGG widersprechen, wenn die Bindungswirkung sachlich einen größeren Umfang haben sollte als die Gesetzeskraft.

Auch aus § 67 Satz 3 BVGG[39] folgt, daß die tragenden Entscheidungsgründe nicht an der Bindungswirkung des Tenors teilnehmen. Durch diese Vorschrift wird dem Bundesverfassungsgericht die Möglichkeit eröffnet, gewisse, seinen Entscheidungen zugrunde liegende Rechtsauffassungen, von denen die Entscheidung selbst abhängt, in die Entscheidungsformel aufzunehmen, um sie auf diese Weise an deren verbindlicher Wirkung teilnehmen zu lassen. Gleiches gilt für § 95 Satz 2 BVGG, wonach das Bundesverfassungsgericht den Ausspruch, die Wiederholung der mit der Verfassungsbeschwerde gerügten Maßnahme verletze das Grundgesetz, dadurch verbindliche Wirkung verleihen kann, daß es ihn in die Entscheidungsformel aufnimmt.

Diese Vorschriften zeigen, daß die tragenden Gründe gerade keine verbindliche Kraft haben. Wäre das Gegenteil der Fall, dann wären diese Vorschriften überflüssig und unverständlich[40].

Ein weiteres, wenn auch nicht in jeder Hinsicht überzeugendes Argument, gegen die Verbindlichkeit auch der tragenden Gründe, ergibt sich aus Art. 100 Abs. III GG[41]. Wären auch die tragenden Entscheidungsgründe verbindlich, dann bliebe für eine Vorlagepflicht der Landesverfassungsgerichte gemäß Art. 100 Abs. III GG, wenn sie von der einer Entscheidung des Bundesverfassungsgerichts zugrunde liegenden Rechtsauffassung[42] abweichen wollen, kein Raum[43]. Denn die Landesverfassungsgerichte wären in diesem Fall schon auf Grund des § 31 Abs. I BVGG an die tragenden Entscheidungsgründe gebunden.

Schließlich ist auch noch darauf hinzuweisen, daß das Bundesverfassungsgericht, wären auch die Gründe seiner Entscheidungen verbindlich, etwas vermöchte, was nicht einmal dem Gesetzgeber gestattet ist, nämlich seinen Begründungen bindende Wirkung zu verleihen[44].

Diese Gesichtspunkte dürften genügen, um zu zeigen, daß die Meinung, auch die tragenden Gründe der Bundesverfassungsgerichtsent-

---

[39] Gleiches gilt für die §§ 69, 72, 74 BVGG.
[40] Ebenso *Schneider*, DVBl 1954, S. 186; *Jesch*, JZ 1954, S. 530; *Scheuner*, DÖV 1954, S. 646 f.; *Schaefer*, S. 100 ff.; *Schrag*, S. 72 ff.; *Willms*, JZ 1954, S. 527 und BGH GSZ, in: JZ 1954, S. 493 f.
[41] Art. 100 Abs. III GG war nämlich schon vorhanden bevor § 31 Abs.I BVGG Gesetz wurde. Immerhin folgt aus jener Bestimmung, daß der Verfassungsgeber, als er sie schuf, davon ausgegangen sein muß, daß den Urteilselementen der Bundesverfassungsgerichtsentscheidungen keine Verbindlichkeit zukommt. Vgl. dazu BGH GSZ, in: JZ 1954, S. 494.
[42] Unter Entscheidung im Sinne von Art. 100 Abs. III GG sind die der Entscheidung zugrunde liegenden Rechtsauffassungen zu verstehen. Vgl. *Schneider*, DVBl 1954, S. 219; BGHZ 7/339; *Willms*, JZ 1954, S. 426.
[43] Im Ergebnis ebenso: *Willms*, JZ 1954, S. 525 ff.; *Jesch*, JZ 1954, S. 530; *Schneider*, DVBl 1954, S. 184 ff.; *Schaefer*, S. 101; *Schrag*, S. 79; BGH GSZ, in: JZ 1954, S. 494.
[44] Vgl. dazu insbesondere BGH GSZ, in: JZ 1954, S. 494.

scheidungen seien bindend im Sinne von § 31 Abs. I BVGG, nicht zutreffen kann. Zwar soll nicht bestritten werden, daß die Begründung einer Entscheidung herangezogen werden muß, um einen in sich selbst nicht verständlichen Tenor zu verdeutlichen. Dadurch werden die Gründe jedoch noch nicht zu einem Bestandteil des Tenors, dessen bindende Wirkung sie sonst teilen würden. Vielmehr sind sie ausschließlich Hilfsmittel, die der Auslegung des Tenors dienen.

Es muß daher davon ausgegangen werden, daß die Bindungswirkung gemäß § 31 Abs. I BVGG, ebenso wie die Gesetzeskraft, in ihrem gegenständlichen Umfang auf den Entscheidungstenor beschränkt ist.

Die gegenteilige Meinung ist im übrigen kaum praktikabel, denn es dürfte bei vielen Entscheidungen äußerst schwierig sein, herauszufinden, welche Urteilselemente nun den Tenor tragen. Es bestünde dann die naheliegende Möglichkeit, daß die von der Bindungswirkung Betroffenen zu verschiedenen Ergebnissen hinsichtlich dieser Frage kommen, was zu einer gefährlichen Rechtsunsicherheit führen würde.

Entfaltet nur der Tenor der Bundesverfassungsgerichtsentscheidung Bindungswirkung gemäß § 31 Abs. I BVGG, dann ist in dieser Hinsicht kein Unterschied zur Gesetzeskraft festzustellen. Bindungswirkung und Gesetzeskraft stimmen daher, was ihren gegenständlichen, sachlichen Umfang angeht, überein.

Die Art der Wirkung einer nach § 31 Abs. I BVGG bindenden Bundesverfassungsgerichtsentscheidung weist im Vergleich zu einer gesetzeskräftigen Entscheidung ebenfalls keinen Unterschied auf[45].

Die Verfassungsorgane des Bundes und der Länder sowie die Gerichte und alle Behörden sind an die Entscheidung gebunden. Sie müssen bei ihrer Tätigkeit, sei es der Beschluß eines Gesetzes, der Erlaß eines Verwaltungsaktes oder sei es ein Gerichtsurteil, von der Bundesverfassungsgerichtsentscheidung, falls diese einschlägig ist, ausgehen. Die Entscheidung wird zur verbindlichen Grundlage ihres weiteren Verhaltens, und die Bindung beinhaltet somit, ebenso wie die Gesetzeskraft, dieselbe Wirkung wie eine Rechtsnorm, zu deren Befolgung die von ihr Betroffenen verpflichtet sind[46].

Auch die vom konkreten Fall abstrahierende, die Maßgeblichkeit der Entscheidung in künftigen Fallgestaltungen bedingende Wirkung der

---

[45] Entgegen der Meinung *Geigers* (§ 31 BVGG, Anm. 2) werden sowohl positive als auch negative Entscheidungen gemäß § 31 Abs. I BVGG bindend. Auf diese Frage braucht hier jedoch nicht näher eingegangen zu werden, da für sie die in diesem Kapitel, unter Ziffer II, 1, angestellten Untersuchungen bezüglich der Gesetzeskraft positiver und negativer Entscheidungen sinngemäß gelten. Auf diese kann verwiesen werden. Vgl. zu dieser Frage auch BGH GSZ, in: JZ 1954, S. 494 f.; *Schrag*, S. 59 ff.; *Eller*, S. 98 f.; *Schnorr*, RdA 1954, S. 323 ff. und *Jesch*, JZ 1954, S. 529, FN 10, m. w. N.

[46] *Schnorr*, RdA 1954, S. 96.

II. Interne Wirkungen

Gesetzeskraft findet sich bei der Bindung nach § 31 Abs. I BVGG wieder. Denn durch diese soll nicht nur die Entscheidung des ganz konkreten, nach Beteiligten und äußeren Umständen spezifizierten Rechtsstreits verbindlich werden. Vielmehr hat die Bindungswirkung die Aufgabe, die anläßlich des konkreten Streits im allgemeinen gleichzeitig herbeigeführte Klärung einer bestimmten Rechtsfrage durch das Bundesverfassungsgericht auch für eine beliebige Anzahl künftiger Fälle maßgeblich zu machen[47].

Zumindest ungenau ist es demgegenüber, von einer Bindung auch in gleichgelagerten Fällen zu sprechen[48]. Soll darunter verstanden werden, daß die konkreten Umstände andere sind als im Zeitpunkt der Entscheidung, aber dieselbe vom Bundesverfassungsgericht entschiedene Frage auftritt, dann ist auch nach der hier vertretenen Meinung die Bindungswirkung gegeben[49], wobei natürlich Voraussetzung ist, daß die Entscheidung so abstrakt ist, daß sich nicht schon durch ihre Fassung selbst eine Anwendung in künftigen, *gleichgelagerten* Fällen verbietet[50]. Sollen jedoch unter *gleichgelagerten* oder *ähnlichen* Fällen solche verstanden werden, bei denen die konkret entschiedene Frage nur in ähnlicher Form auftritt, dann muß eine Ausdehnung der Bindungswirkung auch auf diese Fälle abgelehnt werden[51]. Sonst wäre es jedem Betroffenen überlassen, im konkreten Fall festzustellen, ob er gebunden ist, d. h. ob die gegebene Rechtsfrage der vom Bundesverfassungsgericht bereits entschiedenen gleichgelagert ist. Eine solche kaum abgrenzbare Bindung kann jedoch nicht Sinn des § 31 Abs. I BVGG sein.

An dem Umstand, daß die Bindungswirkung die Verbindlichkeit der Entscheidung nicht nur für den ganz konkreten Fall herbeiführt, sondern immer dann eintritt, wenn dieselbe vom Bundesverfassungsgericht entschiedene Rechtsfrage für eine Sachgestaltung einschlägig ist, zeigt sich, daß sie, ebensowenig wie die Gesetzeskraft, als Form der materiellen Rechtskraft — wie das auch hinsichtlich der Bindungswirkung behauptet wird[52] — verstanden werden kann.

---
[47] Vgl. *Holtkotten,* Bonner Kommentar, Art. 94 GG, S. 55 f.; *Oltmann,* S. 26 f. und 66; BVerfG E 1/89 (90), 1/14 (34), 19/377 (392) und 20/56 (87).
[48] *Thieme,* ZBR 1954, S. 195; *Schnorr,* RdA 1954, S. 323 f.; *Maunz-Sigloch* u. a., § 31 BVGG, Rdnr. 15.
[49] So ist wohl auch *Maunz-Sigloch* u. a., a.a.O., zu verstehen.
[50] Vgl. *Schrag,* S. 93 ff. und *Eller,* S. 107.
[51] Anders jedoch *Thieme,* a.a.O., S. 195, der eine Bindung an die Entscheidung auch in *typischen* Fällen fordert.
[52] Meist wird behauptet, die Bindungswirkung sei nur eine Erweiterung der subjektiven Grenzen der materiellen Rechtskraft. *Stern,* Bonner Kommentar, Art. 100 GG, Rdnr. 139; *Burmeister,* S. 115 m. w. N.; *Bachof,* DÖV 1954, S. 37; *Kadenbach,* S. 411. Ebenso wohl auch *Baring,* S. 67; *Zeuner,* DÖV 1955, S. 338; *Scheuner,* DVBl 1952, S. 617 und DÖV 1954, S. 644; BVerwG, in: NJW 1966, S. 1474. Uneingeschränkt setzen Bindungswirkung und Rechts-

3. Kap.: Wirkungen der Normenqualifikationsentscheidung

Die Bindungswirkung ist, wie die Gesetzeskraft, im Gegensatz zur materiellen Rechtskraft materiellrechtlicher, nicht aber prozessualer Natur[53]. Denn durch sie werden ihre Adressaten ganz unabhängig von einem Streitfall positiv an die Bundesverfassungsgerichtsentscheidung gebunden. Zwar wird durch die Bindung gemäß § 31 Abs. I BVGG auch erreicht, daß eine von der Entscheidung des Bundesverfassungsgerichts abweichende Entscheidung ausgeschlossen ist, da ja jede staatliche Stelle an die Entscheidung gebunden ist. Daraus jedoch die Folgerung zu ziehen, die Bindung sei eine Form der materiellen Rechtskraft, ist nicht berechtigt, denn wenn auch das Ergebnis das gleiche sein mag, muß das noch nicht heißen, daß die dazu hinführenden Mittel identisch sind.

Der Unterschied zwischen den Wirkungen der materiellen Rechtskraft und der Bindung nach § 31 Abs. I BVGG wird besonders deutlich bei den Entscheidungen nach den §§ 67 Satz 3, 69 und 72 BVGG. Legt das Bundesverfassungsgericht in einer dieser Entscheidungen das Grundgesetz aus, dann haben künftig Verfassungsorgane, Gerichte und Behörden von dieser Auslegung auszugehen. Auch der Gesetzgeber muß, will er ein Gesetz beschließen, dieses in Übereinstimmung mit der vom Bundesverfassungsgericht gefundenen Auslegung abfassen.

Was diese positive, der Wirkung einer authentischen Interpretation eines Gesetzgebungsorgans gleichende Bindung an die Bundesverfassungsgerichtsentscheidung mit der materiellen Rechtskraft gemein haben soll, ist unerfindlich.

Die Bindungswirkung gemäß § 31 Abs. I BVGG ist daher, ebenso wie die Gesetzeskraft, im Verhältnis zu dem prozessualen Institut der materiellen Rechtskraft ein *aliud*[54].

Die bisher angestellten Erörterungen haben gezeigt, daß die Bindungswirkung weder auf den Einzelfall beschränkt noch mit der materiellen Rechtskraft vergleichbar ist. Sie verleiht den Entscheidungen vielmehr Verbindlichkeit auch in künftigen Fällen und verpflichtet ihre Adressaten positiv zur Befolgung der einzelnen Entscheidung, auch wenn ein Streitfall nicht gegeben ist. Die Wirkungen der Bindung sind daher

---

kraft gleich: *Goessel*, S. 72; *Schaefer*, S. 108 und *Eller*, S. 89. Die Ausführungen von Eller sind jedoch widersprüchlich. Führt er nämlich noch auf S. 89 aus, daß die Bindungswirkung in jeder Hinsicht der materiellen Rechtskraft entspreche, so behauptet er auf S. 92, daß in den Fällen des § 67 Satz 3 BVGG nicht die Rechtskraft, sondern die Bindungswirkung die Verbindlichkeit der Entscheidung herbeiführe. Wenn das aber zutrifft, dann können Bindungswirkung und Rechtskraft nicht identisch sein.
[53] *Maunz-Sigloch* u. a., § 31 BVGG, Rdnr. 11.
[54] Gleicher Ansicht sind: *Bruns*, S. 114; *Maunz-Sigloch* u. a., § 31 BVGG, Rdnr. 5 und 11; *Schrag*, S. 53 ff.; *Windisch*, S. 202; *Pfeiffer*, S. 276; *Oltmann*, S. 26 ff.; BGH GSZ, in: JZ 1954, S. 492 und das BVerfG in ständiger Rechtsprechung, vgl. E 1/14, 4/31 (38) und 20/56 (86 f.).

II. Interne Wirkungen

grundsätzlich dieselben wie die der Gesetzeskraft, was den Schluß rechtfertigt, daß die Bindung mit der Gesetzeskraft insoweit identisch ist[55]. Der einzige Unterschied, der zwischen diesen beiden Entscheidungswirkungen besteht, ist der, daß der Adressatenkreis der Gesetzeskraft umfassender ist als der der Bindung nach § 31 Abs. I BVGG. Die Bindungswirkung erstreckt sich nur auf die Verfassungsorgane des Bundes und der Länder, die Gerichte und Behörden. Die Gesetzeskraft äußert hingegen verbindliche Wirkung gegenüber jedem, der sich im räumlichen Geltungsbereich der gesetzeskräftigen Entscheidung aufhält. Die Gesetzeskraft wirkt daher auch gegenüber denjenigen, die von einer bindenden Entscheidung betroffen werden.

Da alle rechtsanwendenden Instanzen Adressaten der Bindungswirkung sind, der einzelne folglich kein von der bindenden Entscheidung abweichendes Ergebnis durch staatliches Handeln erreichen kann, kann man denjenigen Autoren zustimmen, die der Auffassung sind, daß aus diesem Grund die Bindung im Ergebnis der Gesetzeskraft praktisch gleichkommt[56]. Es darf dabei jedoch nicht verkannt werden, daß die Gesetzeskraft dennoch insofern mehr darstellt als nicht nur staatliche Instanzen, sondern auch die Bürger, und zwar auch in ihrem Verhältnis untereinander, an die gesetzeskräftigen Entscheidungen gebunden sind.

Als Ergebnis der vorstehenden Untersuchungen kann festgestellt werden, daß die Bindungswirkung gemäß § 31 Abs. I BVGG kein *aliud* im Vergleich zur Gesetzeskraft gemäß § 31 Abs. II BVGG darstellt, sondern lediglich ein *minus* ist[57]. Die Bindungswirkung könnte einer gesetzeskräftigen Entscheidung nichts geben, was diese nicht schon auf Grund der ihr zukommenden Gesetzeskraft hat. Nur ist die Gesetzeskraft in der Hinsicht gegenüber der Bindungswirkung ein *plus*, als sie auch den einzelnen Bürger an die Bundesverfassungsgerichtsentscheidung bindet.

Aus diesem Verhältnis zwischen Bindungswirkung und Gesetzeskraft folgt aber, daß die Auffassung[58], neben die Gesetzeskraft einer

---

[55] Im Ergebnis ebenso: *Schnorr*, S. 96; *Haak*, S. 173; *Schäfer*, NJW 1954, S. 1466 und *Bettermann*, ZZP 72, S. 36. Wenn *Wintrich-Lechner*, S. 713; *Jesch*, JZ 1954, S. 531 und *Scheuner*, DÖV 1954, S. 645 davon sprechen, daß die Bindungswirkung der Gesetzeskraft praktisch gleichkomme, dann ist der von ihnen angedeutete Unterschied nicht auf das Wesen dieser beiden Institute, sondern auf deren Adressatenkreis bezogen. Es muß jedoch dabei berücksichtigt werden, daß die genannten Autoren meist der Auffassung sind, die Gesetzeskraft und die Bindung seien Formen der materiellen Rechtskraft.
[56] Vgl. z. B. *Kadenbach*, S. 411; *Schäfer*, NJW 1954, S. 1465 ff.; *Scheuner*, DÖV 1954, S. 641 und 645; *Jesch*, JZ 1954, S. 531 und BGH GSZ, in: JZ 1954, S. 493.
[57] So auch *Kadenbach*, S. 419 und *Baring*, S. 68, die jedoch davon ausgehen, daß auch die Rechtskraft ein *minus* im Verhältnis zur Gesetzeskraft und der Bindungswirkung ist.

Entscheidung trete noch die Bindungswirkung gemäß § 31 Abs. I BVGG, nicht zu halten ist. Weder besteht für eine solche doppelte Bindung ein Bedürfnis noch wäre dies überhaupt sinnvoll, denn die Bindungswirkung geht ja, wie festgestellt, in keiner Weise über die Gesetzeskraft hinaus.

Im Zweifel ist aber ein Gesetz so auszulegen, daß es einen Sinn ergibt. Das kann bei § 31 BVGG nur in der Weise geschehen, daß man annimmt, daß allen Bundesverfassungsgerichtsentscheidungen die Bindungswirkung des Absatzes I zukommt, mit Ausnahme der Entscheidungen, die in den Verfahren nach § 13 Nr. 6, 11, 12, 14 und bei der Feststellung der Nichtigkeit eines Gesetzes gemäß § 95 Abs. III BVGG ergehen. Diese Entscheidungen heben sich schon wegen ihrer großen Bedeutung von den anderen Bundesverfassungsgerichtsentscheidungen ab, und ihnen ist deshalb nicht die schwächere Bindung, sondern die allumfassende Gesetzeskraft beigelegt worden[59].

Daraus ergibt sich die für die vorliegende Arbeit wichtige Feststellung, daß den Normenqualifikationsentscheidungen des Bundesverfassungsgerichts neben der Gesetzeskraft gemäß § 31 Abs. II BVGG nicht auch noch die Bindungswirkung gemäß § 31 Abs. I BVGG zukommt.

3. Die Rechtskraft von Normenqualifikationsentscheidungen

Bislang wurde hinsichtlich der materiellen Rechtskraft nur erörtert, ob die Gesetzeskraft und die Bindungswirkung gemäß § 31 BVGG Formen der Rechtskraft bundesverfassungsgerichtlicher Entscheidungen sind. Da dies zu verneinen ist, stellt sich nun die Frage, ob Normenqualifikationsentscheidungen auch rechtskräftig werden und diese Rechtskraft zu der Gesetzeskraft hinzutritt[60].

Daß die Normenqualifikationsentscheidungen formell rechtskräftig werden, unterliegt keinem Zweifel. Die Entscheidungen des Bundesverfassungsgerichts können mit Rechtsmitteln nicht mehr angegriffen werden. Sie werden daher mit Verkündung unanfechtbar, d. h. aber formell rechtskräftig.

Weitaus mehr Probleme wirft demgegenüber die Frage nach der materiellen Rechtskraft der Bundesverfassungsgerichtsentscheidungen auf, und zwar insbesondere dann, wenn sie, wie die Normenqualifika-

---

[58] Vgl. BVerfG E 1/37; BGH GSZ, in: JZ 1954, S. 492; *Geiger*, Kommentar, § 31 BVGG, Anm. 11; *Maunz-Sigloch* u. a., § 31 BVGG, Rdnr. 1 und *Leibholz-Rupprecht*, Kommentar, § 31 BVGG, Rdnr. 3.
[59] Im Ergebnis ebenso: *Jesch*, JZ 1954, S. 528, Anm. 2; *Arndt*, DVBl 1952, S. 2; *Eller*, S. 74 f.; *Schrag*, S. 80. Siehe auch *Stern*, Bonner Kommentar, Art. 100 GG, Rdnr. 201.
[60] So z. B. *Maunz-Sigloch* u. a., § 31 BVGG, Rdnr. 31; *Leibholz-Rupprecht*, Kommentar, § 31 BVGG, S. 102, Anm. 3 und BVerfG E 1/14 ff.

II. Interne Wirkungen

tionsentscheidungen, in einem objektiven Verfahren, welches keine Parteien kennt, ergehen[61].

Aus dem Wesen der Normenqualifikationsentscheidungen ergeben sich keine Einwendungen gegen die Annahme, daß sie in materielle Rechtskraft erwachsen, denn sie sind, wie oben gezeigt[62], Akte reiner Rechtsprechung und können daher als solche grundsätzlich materiell rechtskräftig werden. Auch kann die materielle Rechtskraft der Normenqualifikationsentscheidungen nicht deswegen geleugnet werden, weil ihnen kein konkreter Sachverhalt zugrunde liege[63].

Wenn das Bundesverfassungsgericht im Verfahren nach Art. 100 Abs. II GG feststellt, daß eine allgemeine Regel des Völkerrechts Bestandteil des Bundesrechts ist, dann ist die Existenz der Regel im völkerrechtlichen Bereich Voraussetzung dieser Feststellung. Bei der Normenqualifikation hat das Bundesverfassungsgericht also immer zunächst das Völkerrecht zu erforschen; seine Entscheidung folgt dann notwendig aus dessen Beschaffenheit. Die Völkerrechtsordnung ist daher, soweit sie für die vorgelegte Frage relevant ist, tatsächliche Grundlage für die Normenqualifikationsentscheidung. Da der vom Bundesverfassungsgericht zu untersuchende Ausschnitt der Völkerrechtsordnung auch in zeitlicher Hinsicht begrenzt ist — nur das im Zeitpunkt der Entscheidung geltende Völkerrecht liegt dieser zugrunde —, muß sie als der konkrete Sachverhalt im verfassungsprozessualen Sinn angesehen werden, über welchen das Bundesverfassungsgericht bei der Normenqualifikation entscheidet.

Es ist zwar zuzugeben, daß dieser Sachverhalt wenig zu tun hat mit einem Lebensvorgang[64], der einer zivilprozessualen Entscheidung im Regelfall zugrunde liegt. Dieser Umstand kann aber nicht zur Leugnung eines konkreten Sachverhalts im Normenqualifikationsverfahren führen. Denn es bestehen so grundsätzliche Unterschiede zwischen dem Zivil- und dem Verfassungsprozeß, daß der Versuch, zivilprozessuale Begriffe auf den Verfassungsprozeß zu übertragen, verfehlt und von vornherein zum Scheitern verurteilt ist. Der Begriff *konkreter Sachverhalt* kann daher nicht im zivilprozessualen Sinn verstanden werden, sondern muß im Verfassungsprozeß mit einem neuen Inhalt versehen

---

[61] Für Normenkontrollentscheidungen wird die materielle Rechtskraft abgelehnt von *Oltmann*, S. 5 f.; *v. Landsberg-Velen*, S. 114; *Schoen*, S. 410 und vom BayVerfGH in ständiger Rechtsprechung E 5/166 (183 f.), 15/29 (33 f.), 11/127 (140). Die Frage nach der materiellen Rechtskraft von Normenqualifikationsentscheidungen wurde bisher jedoch weder im Schrifttum noch in der Rechtsprechung aufgeworfen.
[62] Vgl. oben, Zweites Kapitel.
[63] Dies ist jedoch das Hauptargument der in diesem Kapitel, FN 61, genannten Autoren und des BayVerfGH zum Nachweis dafür, daß Normenkontrollentscheidungen nicht in materielle Rechtskraft erwachsen.
[64] Vgl. dazu BayVerfGH E 5/166 (183).

werden. Für das Normenqualifikationsverfahren bedeutet dies, daß unter *konkreter Sachverhalt* diejenigen Tatsachen des Völkerrechts, die für die Inkorporierung der vom Gericht in der Vorlage genannten Völkerrechtsregel relevant sind, verstanden werden müssen[65]. Die materielle Rechtskraft von Normenqualifikationsentscheidungen kann also nicht deshalb abgelehnt werden, weil ihnen kein konkreter Sachverhalt zugrunde liegt.

Untersucht man jedoch das Wesen und die Wirkung der materiellen Rechtskraft, dann zeigt sich, daß diese mit der Eigenart der Normenqualifikationsentscheidungen nicht vereinbar ist.

Vordringlicher Zweck der materiellen Rechtskraft ist neben der Gewährung der Rechtssicherheit die Herbeiführung des Rechtsfriedens zwischen den streitenden Parteien. Dieser Zweck wird dadurch erreicht, daß die formell rechtskräftige Entscheidung durch den Eintritt der materiellen Rechtskraft endgültig und maßgeblich wird.

Einerseits wird den Parteien die Möglichkeit genommen, in der entschiedenen Sache nochmals ein Gericht mit dem Ziel, eine von der ersten abweichende zweite Entscheidung zu erlangen, anzurufen; d. h. sie verlieren ihren Rechtsschutzanspruch dem Staat gegenüber. Auf der anderen Seite dürfen aber auch die Gerichte, wird ihnen *eadem res* vorgelegt, nicht nochmals oder zumindest nicht inhaltlich von der ersten Entscheidung abweichend entscheiden.

Die durch die materielle Rechtskraft erzeugte *Bindung* hat somit zwei verschiedene Richtungen, denn einmal wirkt sie gegenüber den Parteien und zum anderen, innerhalb der staatlichen Organisation, gegenüber den Gerichten.

Die Wirkung der materiellen Rechtskraft gegenüber den Parteien ist jedoch mit der gegenüber den Gerichten nicht identisch. Sie sind vielmehr verschiedenen Bereichen zuzuordnen, denn während die Parteien unmittelbar und absolut von der Rechtskraft getroffen werden, ist die Bindung der Gerichte nur eine relative. Sie sind nur im Verhältnis zu den Rechtssubjekten gebunden, denen gegenüber die Rechtskraft unmittelbar wirkt.

Das wird deutlich im Falle des § 640 h Satz 2 ZPO. Dort sind einzelne Rechtssubjekte von der *inter omnes* wirkenden Rechtskraft ausgenommen und die Gerichte folglich diesen gegenüber durch die materielle Rechtskraft nicht gebunden.

Gerichte und Parteien haben also als Adressaten der Rechtskraftwirkung ganz verschiedene Stellungen. Denn in ihrem Verhältnis unter-

---

[65] Vgl. dazu auch *Maunz-Sigloch* u. a., § 31 BVGG, Rdnr. 8 und *Schrag*, S. 48.

II. Interne Wirkungen

einander ist die Bindung der Gerichte abhängig von den von der materiellen Rechtskraft unmittelbar betroffenen Parteien.

Aus diesem Abhängigkeitsverhältnis zwischen der Bindung der Gerichte und der der Parteien folgt, daß eine Gerichtsentscheidung jedenfalls dann nicht in materielle Rechtskraft erwachsen kann, wenn keine Rechtssubjekte vorhanden sind, denen gegenüber die materielle Rechtskraft wirken kann. In einem solchen Fall würde die materielle Rechtskraft leerlaufen, denn wem gegenüber sollten die Gerichte gebunden sein, und was wäre die *eadem res*, die doch auch durch die von der Rechtskraft betroffenen Rechtssubjekte, den Parteien, konkretisiert wird?

Für die Normenqualifikationsentscheidung ist nun zu untersuchen, ob Rechtssubjekte vorhanden sind, denen gegenüber jene Rechtskraft wirken kann. Die Untersuchung kann dabei auf die materielle Rechtskraft *inter partes* beschränkt werden, denn sollte sich erweisen, daß diese mangels Rechtssubjekte nicht eintreten kann, dann ist auch der Eintritt einer Rechtskraft *inter omnes* nicht möglich. Diese stellt sich nämlich nur als Erweiterung der subjektiven, persönlichen Grenzen der materiellen Rechtskraft *inter partes* dar und kann niemals eintreten, wenn letztere nicht möglich ist[66].

Rechtskraftsubjekt einer Normenqualifikationsentscheidung könnte zunächst das erkennende Gericht sein. Dieses wird zwar an die Entscheidung des Bundesverfassungsgerichts gebunden und hat diese der Entscheidung des bei ihm anhängigen Rechtsstreits zugrunde zu legen. Diese Bindung hat jedoch mit der materiellen Rechtskraft nichts zu tun. Sie ergibt sich vielmehr aus der Vorlagepflicht nach Art. 100 Abs. II GG selbst. Es wäre unverständlich, wenn das Gericht nicht selbst entscheiden dürfte, sondern die Rechtsfrage dem Bundesverfassungsgericht vorlegen müßte, an dessen Entscheidung dann jedoch nicht gebunden sein sollte.

Eine Rechtskraftwirkung kann die Normenqualifikationsentscheidung dem erkennenden Gericht gegenüber jedoch nicht entfalten. Denn das Gericht kann nicht als Partei oder als sonstiger Prozeßbeteiligter im Normenqualifikationsverfahren angesehen werden[67]. Daß das vor-

---

[66] Daß die *inter partes* Wirkung der materiellen Rechtskraft notwendige Voraussetzung einer *inter omnes* Wirkung ist, wird meist übersehen, und zwar insbesondere von denen, die der Ansicht sind, daß die Gesetzeskraft und die Bindungswirkung nur Erweiterungen der subjektiven Grenzen der materiellen Rechtskraft seien. So z. B. *Stern,* Bonner Kommentar, Art. 100 GG, Rdnr. 139, m. w. N.; ders., Gesetzesauslegung, S. 259; *Windisch,* S. 178; *Kadenbach,* S. 411 f. und *Burmeister,* S. 115.
[67] Vgl. *Geiger,* Kommentar, § 82 BVGG, Anm. 1. Unzutreffend ist daher die Meinung von *Schrag,* S. 50, der hinsichtlich des Normenkontrollverfahrens behauptet, die materielle Rechtskraft könne das vorlegende Gericht erfassen.

legende Gericht, würde die Normenqualifikationsentscheidung materielle Rechtskraft wirken, auch von dieser betroffen wäre, ist zwar richtig. Diese *staatsinterne* Wirkung spielt aber an dieser Stelle keine Rolle, vielmehr soll hier nur untersucht werden, ob das vorlegende Gericht als Rechtskraftsubjekt — als Partei — angesehen werden kann.

Ebensowenig kann die Entscheidung gegenüber dem Bundestag, dem Bundesrat und der Bundesregierung im Fall ihres Beitritts (§ 83 Abs. III BVGG) Rechtskraft wirken, denn durch den Beitritt werden diese nicht zu Parteien des Verfahrens. Sie haben nicht einmal die Stellung von Prozeßbeteiligten mit eigenem Antragsrecht. Ihre Stellung ist vielmehr rein prozessualer Natur und macht das objektive Verfahren nach Art. 100 Abs. II GG nicht zu einem Parteienstreit[68].

Es bleibt daher nur die Möglichkeit, daß die Normenqualifikationsentscheidung gegenüber den Parteien des bei dem vorlegenden Gericht anhängigen Rechtsstreits materielle Rechtskraft wirkt.

Aber auch diese Konstruktion ist nicht möglich. Die Parteien sind an dem Verfahren vor dem Bundesverfassungsgericht nicht beteiligt. Auch ist der Rechtsstreit vor dem erkennenden Gericht nicht Gegenstand des Normenqualifikationsverfahrens. Dieses hat zwar für den anhängigen Rechtsstreit insofern Bedeutung, als es dessen positiven oder negativen Ausgang bestimmt. Das bedeutet jedoch nicht, daß die Normenqualifikationsentscheidung diesen Streit beendet, vielmehr wird durch sie nur eine für die Entscheidung des erkennenden Gerichts erhebliche Zwischenfrage geklärt.

Materielle Rechtskraft wirkt für die Parteien nur das Urteil des erkennenden Gerichts, und zwar nur der Tenor desselben. Dieser beinhaltet jedoch nicht die Entscheidung des Bundesverfassungsgerichts, was sonst zur Folge hätte, daß letztere mittelbar durch Aufnahme in die Entscheidungsformel für die Parteien materielle Rechtskraft entfalten könnte. Würde man annehmen, daß die Normenqualifikationsentscheidung auch Rechtskraft gegenüber den Parteien wirkt, dann läuft das auf die sicherlich falsche Feststellung hinaus, nicht nur der Tenor, sondern auch die Entscheidungsgründe — denn nur dort kann die Normenqualifikationsentscheidung Erwähnung finden — des vom erkennenden Gericht gefällten Urteils wirke Rechtskraft für und gegen die Parteien[69].

Da ansonsten keine am Normenqualifikationsverfahren beteiligten Rechtssubjekte denkbar sind, denen gegenüber die Entscheidung materielle Rechtskraft wirken könnte, muß davon ausgegangen werden,

---

[68] Vgl. *Geiger*, Kommentar, § 31 BVGG, Anm. 1 und BVerfG E 15/30.
[69] Im Gegensatz zur Bindungswirkung gemäß § 31 Abs. I BVGG wird im Hinblick auf die materielle Rechtskraft, soweit ersichtlich, von keiner Seite behauptet, daß sich diese auch auf die Gründe der Entscheidung erstrecke.

II. Interne Wirkungen

daß die Normenqualifikationsentscheidungen materielle Rechtskraft *inter partes* nicht entfalten. Das hat aber zur weiteren Folge, daß ihnen auch keine materielle Rechtskraft *inter omnes* zukommen kann, denn da diese nur eine Erweiterung der Rechtskraft *inter partes* ist, kann sie nur eintreten, wenn zunächst einmal letztere gegeben ist.

Dieses Ergebnis kann nicht mit der Behauptung zu Fall gebracht werden, die materielle Rechtskraft sei als notwendiger Bestandteil eines jeden gerichtlichen Verfahrens anzusehen, da ohne sie der mit dem Rechtsstaat unlösbar verbundene Rechtsfrieden nicht gesichert werden könne; die materielle Rechtskraft komme daher, weil von der Verfassung gewollt, jeder Bundesverfassungsgerichtsentscheidung zu[70].

Diesem Argument ist entgegenzuhalten, daß der als Bestandteil der Rechtsstaatlichkeit anzusehende Rechtsfrieden zwar fordert, daß jeder Streit einmal ein Ende haben und daß daher eine unanfechtbare Entscheidung endgültig sein muß und nicht durch eine spätere, abweichende Entscheidung in derselben Sache in ihrer Geltungskraft beeinträchtigt werden darf. Er sagt jedoch nichts darüber aus, auf welche Weise und mit welchen Mitteln diese Aufgabe zu erfüllen ist. Die materielle Rechtskraft als solche ergibt sich daher nicht unmittelbar aus dem Gebot des Rechtsfriedens.

Geht man davon aus, daß Normenqualifikationsentscheidungen nicht in materielle Rechtskraft erwachsen, dann ist die einzige ihnen zukommende Wirkung die Gesetzeskraft gemäß § 31 Abs. II BVGG.

Diese Gesetzeskraft bewirkt aber, daß jede staatliche Stelle und jeder Bürger die Entscheidung seinem Verhalten zugrunde legen muß, von ihrem Inhalt also nicht abweichen darf[71]. Ohne den nachfolgenden Untersuchungen vorgreifen zu wollen[72], kann gesagt werden, daß durch diese Wirkung der Gesetzeskraft auch die Aufgabe der materiellen Rechtskraft voll und ganz erfüllt wird. Denn auch durch jene wird vermieden, daß eine zweite von der ersten abweichende Entscheidung über dieselbe allgemeine Regel des Völkerrechts ergeht, nur sind die Mittel, mit denen dieses Ziel durch die Gesetzeskraft erreicht wird, andere als die der materiellen Rechtskraft. Während diese nämlich die Maßgeblichkeit einer Entscheidung dadurch erreicht, daß den Parteien die Möglichkeit genommen wird, durch Anstrengung eines neuen Rechtsstreits über dieselbe Frage eine inhaltlich abweichende zweite Entscheidung zu erlangen, wird durch die Gesetzeskraft dasselbe Ergebnis durch die Allgemeinverbindlichkeit der Entscheidung erreicht.

---
[70] So *Maunz-Sigloch* u. a., § 31 BVGG, Rdnr. 7, m. w. N., im Anschluß an BVerfG E 2/380 ff. und *Leibholz-Rupprecht*, Kommentar, § 31 BVGG, S. 95, Anm. 1.
[71] Vgl. Ziffer II, 1 in diesem Kapitel.
[72] Vgl. unten, Ziffer II des Vierten Kapitels.

3. Kap.: Wirkungen der Normenqualifikationsentscheidung

Die materielle Rechtskraft von Normenqualifikationsentscheidungen kann also nicht mit dem Gebot des Rechtsfriedens begründet werden, denn dieser wird auch durch die Gesetzeskraft gewährleistet.

Es ist daher davon auszugehen, daß Normenqualifikationsentscheidungen nur gesetzeskräftig, nicht jedoch materiell rechtskräftig werden[73].

---

[73] Aus diesem Ergebnis folgt nicht, daß Normenqualifikationsentscheidungen nicht Rechtsprechungscharakter haben. Anders wäre es jedoch, wenn man sich der Meinung *Bettermanns* (Festschrift für Lent, S. 24) anschließen würde, der als wesentliches Merkmal des Rechtsprechungsbegriffs die materielle Rechtskraft herausstellt. Bettermann kann aber schon deshalb nicht gefolgt werden, weil sonst nur letztinstanzliche Urteile und solche bei denen auf Rechtsmittel verzichtet wird, in den Bereich der Rechtsprechung einzureihen wären.

Viertes Kapitel

Das Ausmaß der Geltung und der Wirkung gesetzeskräftiger Normenqualifikationsentscheidungen

Die im letzten Abschnitt angestellten Untersuchungen haben gezeigt, daß die Normenqualifikationsentscheidungen weder materiell rechtskräftig noch bindend im Sinne von § 31 Abs. I BVGG werden. Die ihnen allein zukommende Gesetzeskraft verleiht den Entscheidungen jedoch so umfassende Wirkungen, daß das Fehlen von Rechtskraft und Bindungswirkung die Geltungskraft der Entscheidungen in keiner Weise beeinträchtigt.

Bei der Erörterung der Gesetzeskraft[1] wurde festgestellt, daß durch sie die Normenqualifikationsentscheidungen ganz allgemein verbindlich werden. Jeder Bürger und jede staatliche Stelle haben sich nach dem Inhalt der Entscheidungen immer dann zu richten, wenn eine Sachgestaltung vorliegt, für welche diese in irgendeiner Form eine Rolle spielen. Die Gesetzeskraft bindet jeden, den es angeht, folglich auch in künftigen Fällen an die Normenqualifikationsentscheidungen, und sie verleiht daher diesen dieselbe Wirkung, die ansonsten nur Gesetzen zukommt[2].

Wenn diese so umrissene Wirkung einer Normenqualifikationsentscheidung uneingeschränkt gilt, dann liegt die Gefahr einer Erstarrung der Rechtsentwicklung auf der Hand[3]. Denn wenn an eine gesetzeskräftige Entscheidung jedermann auch in künftigen Fällen gebunden ist, die Entscheidung also ihre Allgemeinverbindlichkeit unter keinen Umständen einbüßt[4], dann kann auch eine Veränderung des der Ent-

---

[1] Vgl. oben, Drittes Kapitel, Ziffer II, 1.
[2] So auch *Holtkotten*, Bonner Kommentar, Art. 93 GG, S. 30; *Lechner*, S. 115. Für die gesetzesgleiche Wirkung der Bindung gemäß § 31 Abs. I BVGG: *Windisch*, S. 174 und *Oltmann*, S. 26 ff.
[3] Diese Befürchtung wurde schon von dem Abgeordneten Dr. v. Mangoldt bei den Beratungen des Hauptausschusses am 8. 12. 1948 betreffend die Normierung der Gesetzeskraft für Bundesverfassungsgerichtsentscheidungen geäußert. 23. Sitzung, Hpt.-Ausschuß, HA-Steno, S. 269 (zitiert nach JöR, NF Bd. I, S. 686 f.).
[4] Die zeitliche Geltung einer gesetzeskräftigen Bundesverfassungsgerichtsentscheidung ist jedoch auf jeden Fall begrenzt durch Art. 146 GG, denn mit dem Außerkrafttreten des Grundgesetzes muß auch eine gesetzeskräftige Entscheidung notwendig ihre Verbindlichkeit verlieren.

scheidung zugrunde liegenden Sachverhalts nicht dazu führen, diesen abweichend von jener zu beurteilen.

Eine derartige durch eine gesetzeskräftige Entscheidung bedingte Zementierung des ihr zugrunde liegenden Sachverhalts könnte gerade bei der Normenqualifikation besonders problematisch werden.

Man muß sich nur vorstellen, daß zeitlich nach der Verkündung einer Normenqualifikationsentscheidung, in der die Zugehörigkeit zum Bundesrecht einer allgemeinen Regel des Völkerrechts bejaht oder verneint wurde, auf Grund eines Wandels im Völkerrecht die vom Bundesverfassungsgericht als existent festgestellte Regel ihre Geltung verliert, bzw. die Regel, deren Existenz vom Bundesverfassungsgericht verneint wurde im zwischenstaatlichen Bereich, z. B. auf Grund einer gewohnheitsrechtlichen Übung, allgemeine Geltung erlangt. Auch kann der Fall eintreten, daß die in der Entscheidung festgestellte Regel im zwischenstaatlichen Bereich einer Inhaltsänderung unterworfen ist; sie also mit einem anderen Inhalt gilt als dem, welchen das Bundesverfassungsgericht in seiner Entscheidung niedergelegt hat.

Ein Widerspruch zwischen der gesetzeskräftigen Feststellung des Bundesverfassungsgerichts und dem Völkerrecht kann um so leichter deshalb eintreten, als die Normenqualifikationsentscheidungen, worauf oben schon hingewiesen wurde[5], keine unmittelbaren rechtlichen Auswirkungen im zwischenstaatlichen Bereich haben, obwohl sie andererseits immer auch ein Judiz über die Beschaffenheit der Völkerrechtsordnung enthalten[6]. Auch ist die Möglichkeit eines kurzfristigen Wandels des allgemeinen Völkerrechts in der heutigen Zeit besonders naheliegend, da sich dieses z. B. im Falle des Kriegsrechts wegen der technischen Entwicklung (Luftkrieg; atomare, bakteriologische und chemische Kriegsführung) ebenso wie hinsichtlich der Grenzen der Territorialgewässer oder des Kontinentalschelfs in einem kontinuierlichen Umbruch befindet.

---

[5] Vgl. Drittes Kapitel, Ziffer I.
[6] Der Ansicht *Wenglers* (NJW 1957, S. 1420), daß sich die Entscheidung des Bundesverfassungsgerichts nur darauf erstrecken kann, „ob ein mit einem bestimmten Inhalt als geltend *unterstellter* (Hervorhebung vom Verf.) Satz des Völkerrechts zu den allgemeinen Regeln des Völkerrechts im Sinne von Art. 25 GG gehört", kann nicht gefolgt werden. Diese Auffassung widerspricht dem Sinn des Verfahrens nach Art. 100 Abs. II GG. Das Bundesverfassungsgericht hat die nach Art. 25 GG tatsächlich inkorporierten Völkerrechtsnormen festzustellen. Dazu ist auch eine Prüfung der Existenz der behaupteten Regel erforderlich. Nimmt es diese Prüfung nicht vor, dann kann es seine Aufgabe gar nicht sinnvoll erfüllen. Es würde dann zwar die Frage beantworten, ob ein behaupteter Völkerrechtssatz die Erfordernisse des Art. 25 GG erfüllt, es könnte jedoch nicht sagen, ob dieser Völkerrechtssatz tatsächlich Bestandteil des Bundesrechts geworden ist, denn das hängt ausschlaggebend von dessen völkerrechtlicher Existenz ab.

I. Aufhebung von Normenqualifikationsentscheidungen

Tritt nun eine Veränderung einer Völkerrechtsregel, die Gegenstand einer gesetzeskräftigen Normenqualifikationsentscheidung war, ein, dann kommt es nicht nur zu einer Diskrepanz zwischen dieser und dem Völkerrecht, sondern es entsteht die Situation, daß, ist die Entscheidung weiterhin allgemein verbindlich, einerseits jedermann innerhalb der BRD an die Normenqualifikationsentscheidung gebunden ist, andererseits aber wegen der durch Art. 25 GG erfolgten automatischen und perpetuierlichen Inkorporierung auch innerstaatlich die Rechtsordnung im Einzelfall eine von der Feststellung des Bundesverfassungsgerichts abweichende Beschaffenheit aufweist und unter Umständen eine Norm zum Bestandteil hat, deren Existenz vom Bundesverfassungsgericht gesetzeskräftig verneint worden ist.

In einem solchen Fall würde der von Art. 25 GG verfolgte Zweck durch die gesetzeskräftige Entscheidung vereitelt werden. Während durch Art. 25 GG nämlich die Geltung des allgemeinen Völkerrechts in seiner jeweiligen zwischenstaatlichen Beschaffenheit auch in der BRD gewährleistet und so die Übereinstimmung von Völkerrecht und innerstaatlichem Recht herbeigeführt werden soll, würde durch die gesetzeskräftige Entscheidung, wenn ein Wandel im Völkerrecht und damit auch im Bundesrecht sie unbeeinflußt lassen würde, die Geltung des allgemeinen Völkerrechts im Einzelfall im innerstaatlichen Bereich gehemmt und die Übereinstimmung zwischen Völkerrecht und staatlichem Recht suspendiert werden.

Der gleiche Konfliktsfall zwischen Art. 25 GG und einer gesetzeskräftigen Normenqualifikationsentscheidung ist dann gegeben, wenn diese schon im Zeitpunkt ihrer Verkündung mit der durch die Inkorporierung des allgemeinen Völkerrechts geschaffenen Rechtslage im innerstaatlichen Bereich nicht übereinstimmt. Auch in diesem Fall ist der von Art. 25 GG bezweckte Einklang zwischen der staatlichen und der Völkerrechtsordnung aufgehoben, da jedermann zur Befolgung der unrichtigen gesetzeskräftigen Entscheidung gezwungen ist[7] und das inkorporierte Völkerrecht deswegen keinen Einfluß auf das innerstaatliche Rechtsleben ausüben kann.

Im folgenden soll nun untersucht werden, ob gesetzeskräftige Normenqualifikationsentscheidungen in den oben skizzierten Fällen tatsächlich die von Art. 25 GG zu erfüllende Aufgabe vereiteln und damit eine diesem widersprechende Wirkung haben.

---

[7] Die Gesetzeskraft führt dann nämlich praktisch die Geltung oder Nichtgeltung einer nicht existenten, bzw. existenten allgemeinen Regel des Völkerrechts in der innerstaatlichen Rechtsordnung herbei. Dies entspricht der Situation, die entsteht, wenn das Bundesverfassungsgericht irrtümlich die Vereinbarkeit oder Unvereinbarkeit eines verfassungswidrigen, bzw. verfassungsmäßigen Gesetzes mit dem Grundgesetz feststellt. Zum letzteren vgl. *Windisch*, S. 121.

Dabei muß eine Trennung vorgenommen werden zwischen den Entscheidungen, die schon im Zeitpunkt ihrer Verkündung mit der durch die Inkorporierung geschaffenen innerstaatlichen Rechtslage nicht übereinstimmen und denjenigen, die die Auswirkungen einer zeitlich nach der Verkündung der Entscheidung im Völkerrecht eintretenden Veränderung im innerstaatlichen Rechtskreis dadurch verhindern, daß sie die im Zeitpunkt der Entscheidung gegebene Lage fixieren. Bei den ersteren stellt sich nämlich die Frage, ob der Widerspruch zu Art. 25 GG und zu der durch die Inkorporierung geschaffenen Rechtslage durch Aufhebung oder Abänderung der unrichtigen Normenqualifikationsentscheidung beseitigt werden kann[8]. Es handelt sich dabei also um das Problem der Bestandskraft gesetzeskräftiger Normenqualifikationsentscheidungen. Bei den letzteren liegt das Problem hingegen nicht darin, ob sie aufgehoben oder abgeändert werden können, denn sie stimmten im Zeitpunkt ihrer Verkündung mit Art. 25 GG überein. Bei diesen Entscheidungen ist vielmehr die Frage zu beantworten, ob sie trotz eines die in der Entscheidung festgestellte Regel berührenden Wandels im Völkerrecht weiterhin allgemein verbindlich sind oder ihnen nicht mehr Folge geleistet werden muß. Die Problematik steht dabei nicht im Zusammenhang mit der Bestandskraft gesetzeskräftiger Normenqualifikationsentscheidungen, sondern liegt überwiegend auf dem Gebiet, welches bei anderen gerichtlichen Entscheidungen von der materiellen Rechtskraft geregelt wird.

I. Die Aufhebung oder Abänderung einer unrichtigen gesetzeskräftigen Normenqualifikationsentscheidung

Die Erörterung der Frage, ob eine gesetzeskräftige Normenqualifikationsentscheidung, welche die durch die Inkorporierung geschaffene innerstaatliche Rechtslage nicht richtig wiedergibt, aufgehoben oder abgeändert werden kann, um auf diese Weise den Widerspruch zwischen ihr und Art. 25 GG zu beseitigen, ist nur dann sinnvoll, wenn davon ausgegangen werden kann, daß eine solche Fehlentscheidung, und zwar eine wirksame, überhaupt möglich ist. Wäre eine Fehlentscheidung nicht möglich oder zwar möglich, aber als solche nicht wirksam, dann könnte ein Widerspruch zwischen Art. 25 GG und der gesetzeskräftigen Entscheidung nicht eintreten, denn dann stünde die Normenqualifikationsentscheidung entweder immer im Einklang mit Art. 25 GG oder sie würde überhaupt keine Wirkungen äußern.

---

[8] In diesem Zusammenhang muß auch geklärt werden, ob der Fall einer unrichtigen gesetzeskräftigen Normenqualifikationsentscheidung überhaupt möglich ist.

I. Aufhebung von Normenqualifikationsentscheidungen

Der mögliche Fall, daß das Bundesverfassungsgericht im Normenqualifikationsverfahren z. B. irrtümlich die Zugehörigkeit einer allgemeinen Regel des Völkerrechts zum Bundesrecht feststellt, während eine solche von Art. 25 GG nicht inkorporiert worden ist, kann nicht mit der Begründung geleugnet werden, daß die Frage, ob das Bundesverfassungsgericht richtig oder falsch entschieden hat, auf einem von der Rechtsordnung gewiesenen Weg nicht mehr aufgeworfen werden kann[9].

Da im folgenden erörtert werden soll, ob eine verfassungsgerichtliche Fehlentscheidung aufgehoben oder abgeändert werden kann, kann diese nicht deshalb verneint werden, weil es rechtlich nicht möglich sei, gegen eine gesetzeskräftige Bundesverfassungsgerichtsentscheidung vorzugehen. Eine solche Beweisführung ist unzulässig, da sie die Unmöglichkeit einer Fehlentscheidung mit der Unangreifbarkeit verfassungsgerichtlicher Erkenntnisse, die hier jedoch gerade Gegenstand der Prüfung sein soll, begründet.

Fehlentscheidungen des Bundesverfassungsgerichts im Normenqualifikationsverfahren müßten nur dann aus dem Bereich des Möglichen ausgeschlossen werden, wenn die Entscheidungen konstitutiven Charakter[10] hätten und Art. 25 GG so auszulegen wäre, daß die Inkorporierung des allgemeinen Völkerrechts abhängig ist von den gesetzeskräftigen Normenqualifikationsentscheidungen. Das würde bedeuten, daß als inkorporiert auch die Völkerrechtsregeln gelten, welche vom Bundesverfassungsgericht irrtümlich als Bestandteil des Bundesrechts festgestellt werden und diejenigen, deren Zugehörigkeit zum Bundesrecht zu Unrecht verneint wird, auch nicht von Art. 25 GG erfaßt werden.

Eine solche Auslegung des Art. 25 GG ebenso wie die Annahme, die Normenqualifikationsentscheidungen seien konstitutiver Natur, ist jedoch abzulehnen.

Die Normenqualifikationsentscheidungen haben, worauf oben schon hingewiesen wurde[11], ebenso wie alle anderen Bundesverfassungsgerichtsentscheidungen nur deklaratorische Feststellungswirkung. Sie

---

[9] So etwa *Massing*, S. 134: „Dieses (das BVerfG!) jedoch, als die letzthinnig entscheidende Instanz, keiner anderen rechtlich verantwortlich — denn darüber ob auch *es* sich an Recht und Gesetz hält ... vermag keine andere Instanz mehr verbindlich ... zu entscheiden — kann keine im Sinne des geltenden Ordnungssystems *falsche* Entscheidung fällen, zumal keine, die wiederum in einem justizförmigen Verfahren anfechtbar wäre." Vgl. auch *Pohle*, S. 25 f.; *Schaefer*, S. 87 und *Wach*, S. 32.
[10] Für eine konstitutive Wirkung von unrichtigen Bundesverfassungsgerichtsentscheidungen: *Geiger*, Kommentar, § 31 BVGG, Anm. 13: „sie schafft oder vernichtet Recht." Für Normenqualifikationsentscheidungen ebenso *Rudolf*, S. 250. Vgl. auch *Zeuner*, DÖV 1955, S. 339.
[11] Vgl. oben, Zweites Kapitel.

gestalten also die Rechtslage nicht ihrem Ausspruch gemäß um, sondern lassen diese unberührt[12]. Wäre es anders, dann könnte das Bundesverfassungsgericht bei der Normenqualifikation, geht man mit der hier vertretenen Meinung vom Verfassungsrang der allgemeinen Regeln des Völkerrechts aus, über Verfassungsrecht disponieren, was doch wohl ausschließlich dem Verfassungsgesetzgeber vorbehalten sein dürfte. Auch ist eine Auslegung des Art. 25 GG mit der Folge, daß dieser immer mit den gesetzeskräftigen Normenqualifikationsentscheidungen übereinstimmt, vom Sinn der Vorschrift her gesehen unmöglich.

Ginge man davon aus, daß auch die vom Bundesverfassungsgericht unzutreffend festgestellten Völkerrechtsregeln als durch Art. 25 GG inkorporiert oder, im umgekehrten Fall, die allgemeinen Regeln des Völkerrechts, deren Zugehörigkeit zum Bundesrecht irrtümlich verneint worden ist, nicht als inkorporiert gelten, dann würde das den Sinn und Zweck sowohl des Art. 25 GG als auch des Art. 100 Abs. II GG geradezu in das Gegenteil umkehren.

Durch Art. 25 GG soll das Völkerrecht in seinem jeweiligen Bestand in die Rechtsordnung der BRD aufgenommen werden, damit der vom Völkerrecht geforderte Einklang zwischen innerstaatlichem Recht und Völkerrecht verwirklicht werden kann. Art. 100 Abs. II GG soll daneben auf verfahrensrechtlicher Ebene zur Verwirklichung dieses Zieles beitragen.

Beide Bestimmungen haben also die Funktion, die Geltung der allgemeinen Regeln des Völkerrechts auch im innerstaatlichen Rechtskreis herbeizuführen und zu gewährleisten. Eine Auslegung des Art. 25 GG, so wie sie oben skizziert wurde, ist damit gänzlich unvereinbar, da durch sie die bezweckte Übereinstimmung zwischen innerstaatlichem Recht und Völkerrecht gerade vereitelt werden würde.

Es muß daher davon ausgegangen werden, daß das Bundesverfassungsgericht im Normenqualifikationsverfahren die durch die Inkorporierung geschaffene Rechtslage, deren tatsächlicher Zustand von den Normenqualifikationsentscheidungen unabhängig ist, nur deklaratorisch feststellt[13]. Die Möglichkeit, daß das Bundesverfassungsgericht diese Rechtslage falsch beurteilt und der Inhalt der Normenqualifikationsentscheidung demgemäß von ihr abweicht, ist deshalb sehr wohl vorstellbar und in Anbetracht der Tatsache, daß die Abgrenzung der meisten Völkerrechtsregeln stark umstritten ist, auch naheliegend.

---
[12] *Geiger*, a.a.O., ist inkonsequent, wenn er meint, nur die Fehlentscheidungen des Bundesverfassungsgerichts hätten konstitutive Wirkung, nicht jedoch die mit der tatsächlichen Lage übereinstimmenden Entscheidungen.
[13] Vgl. dazu *Mosler*, Das Völkerrecht in der Praxis der deutschen Gerichte, S. 47, Anm. 129 und *Stern*, Bonner Kommentar, Art. 100 GG, Rdnr. 261 m. w. N.

I. Aufhebung von Normenqualifikationsentscheidungen 83

Tritt nun der konkrete Fall ein, daß das Bundesverfassungsgericht die durch die Inkorporierung geschaffene Rechtslage unrichtig feststellt, dann stellt sich die weitere Frage, ob die Fehlerhaftigkeit einer solchen Entscheidung Einfluß auf ihre Wirksamkeit hat. Dies ist zu verneinen. Durch die Institutionalisierung der Gerichte mit dem Zweck, die Rechtsordnung im Einzelfall zu konkretisieren und durchzusetzen, hat der Staat auch die Gefahr gerichtlicher Fehlentscheidungen in Kauf genommen, und er muß diese deshalb auch ohne Einschränkungen anerkennen. Daher kann die Wirksamkeit einer Normenqualifikationsentscheidung ebensowenig wie die einer anderen Gerichtsentscheidung davon abhängen, ob die Entscheidung inhaltlich richtig oder falsch ist. Die Richtigkeit eines richterlichen Urteils gehört mit anderen Worten nicht zu seinen Gültigkeitsvoraussetzungen.

Aus der Wirksamkeit einer unrichtigen Normenqualifikationsentscheidung folgt, daß diese auch gesetzeskräftig wird, denn die Gesetzeskraft kommt gemäß § 31 Abs. II BVGG jeder gültigen, d. h. wirksamen, Normenqualifikationsentscheidung zu[14].

Der oben näher erörterte Widerspruch zwischen einer unrichtigen gesetzeskräftigen Normenqualifikationsentscheidung und Art. 25 GG ist also nicht deshalb ausgeschlossen, weil Fehlentscheidungen im Normenqualifikationsverfahren nicht möglich oder weil diese nicht wirksam sind. Es kann daher der eingangs gestellten Frage, ob die unrichtige Normenqualifikationsentscheidung, um diesen Widerspruch zu beseitigen, aufgehoben oder der im Völkerrecht eingetretenen Veränderung gemäß abgeändert werden kann, nachgegangen werden.

Da außer dem Bundesverfassungsgericht selbst allenfalls der Gesetzgeber die Befugnis zur Aufhebung oder Abänderung einer gesetzeskräftigen Normenqualifikationsentscheidung haben könnte, kann die folgende Untersuchung auf diese beiden Verfassungsorgane beschränkt werden.

1. Aufhebung oder Abänderung einer gesetzeskräftigen Normenqualifikationsentscheidung durch den Gesetzgeber

Hinsichtlich der Entscheidungen des Reichsgerichts nach Art. 13 Abs. II WRV, denen gemäß § 3 des AG vom 8. 4. 1920 Gesetzeskraft zukam, wurde teilweise[15] die Ansicht vertreten, daß diese Entscheidungen im Wege der Gesetzgebung aufgehoben[16] werden könnten.

---
[14] Vgl. oben, Drittes Kapitel, Ziffer II, 1.
[15] Vgl. *Lassar*, S. 107; *Giese*, Anm. 4 zu Art. 13 WRV; *Behr*, S. 438. Dagegen schon damals *Flad*, S. 51.
[16] Da für Aufhebung und Abänderung von gesetzeskräftigen Normenqualifikationsentscheidungen das gleiche gilt, soll im folgenden der Vereinfachung halber nur noch von Aufhebung gesprochen werden.

Die gleiche Meinung wird auch verschiedentlich[17] bezüglich der gesetzeskräftigen Entscheidungen des Bundesverfassungsgerichts geäußert.

Dieser Auffassung kann jedoch nicht gefolgt werden. Sowohl theoretische als auch praktische Erwägungen sprechen gegen die Annahme, der Gesetzgeber habe die Befugnis, gesetzeskräftige Bundesverfassungsgerichtsentscheidungen aufzuheben. Wäre ihm nämlich eine solche Einflußnahme auf diese Entscheidungen erlaubt, dann hätte das zum Ergebnis, daß der Gesetzgeber gegenüber dem Bundesverfassungsgericht, dem seiner Stellung im Grundgesetz nach höchsten Gericht des Bundes, mehr vermöchte als gegenüber sämtlichen anderen Gerichten.

Nach dem Gewaltenteilungsprinzip ist es dem Gesetzgeber versagt, Entscheidungen der innerhalb des Bereichs der Rechtsprechung zuständigen Organe, nämlich der Gerichte, aufzuheben. Das folgt positiv aus Art. 92 1. Halbsatz GG, wonach die rechtsprechende Gewalt den Richtern anvertraut ist. Es mag nun sein, daß die Tätigkeit des Bundesverfassungsgerichts in mancher Hinsicht der von Gesetzgebungsorganen ähnelt. Sie weicht auch von der der übrigen Gerichte nicht unerheblich ab[18]. Ebenso gehen die Wirkungen seiner Entscheidungen weit über die anderer Gerichtsentscheidungen hinaus. Das ändert hingegen nichts daran, daß das Bundesverfassungsgericht nach der Konzeption des Grundgesetzes ein Organ der Rechtsprechung ist[19] und speziell im Normenqualifikationsverfahren auch Rechtsprechung übt[20]. Daraus folgt aber, daß der Gesetzgeber Bundesverfassungsgerichtsentscheidungen ebensowenig aufheben kann wie die Entscheidungen anderer Gerichte[21].

Aber nicht nur der Gewaltenteilungsgrundsatz spricht gegen die Befugnis des Gesetzgebers, bundesverfassungsgerichtliche Entscheidungen aufheben zu können. Sie würde auch dem Prinzip der Rechtssicherheit widersprechen. Da der Gesetzgeber grundsätzlich nur durch Erlaß von Gesetzen tätig werden kann, müßte er die Aufhebung einer Bundes-

---

[17] *Draht*, S. 86; *Schnorr*, S. 96; *Stern*, Bonner Kommentar, Art. 94 GG, Rdnr. 128.
[18] z. B. bei den Entscheidungen nach Art. 93 Abs. I Nr. 1 und 2 GG und Art. 100 Abs. I GG.
[19] Das folgt aus Art. 92 ff. GG, die die Funktionen des Bundesverfassungsgerichts normieren und die alle innerhalb des IX. der Rechtsprechung gewidmeten Teils des Grundgesetzes stehen. Hier geht es nur um die formelle Einordnung des BVerfG in den Bereich der rechtsprechenden Gewalt. Zur Frage, ob das BVerfG auch bei Berücksichtigung seiner Aufgaben noch als Gericht angesehen werden kann, vgl. *Doehring*, Der „Pouvoir neutre" und das Grundgesetz, S. 201 ff.
[20] Vgl. oben, Zweites Kapitel.
[21] Nur der Verfassungsgesetzgeber könnte, und zwar durch Aufhebung des Art. 25 GG, über gesetzeskräftige Normenqualifikationsentscheidungen disponieren.

I. Aufhebung von Normenqualifikationsentscheidungen

verfassungsgerichtsentscheidung auch durch Gesetzesbeschluß vollziehen. Dieses Gesetz würde nun aber seinerseits einer Nachprüfung durch das Bundesverfassungsgericht unterliegen und könnte durch eine gesetzeskräftige Normenkontrollentscheidung beseitigt werden. Diese könnte aber dann wiederum durch einen *actus contrarius* des Gesetzgebers aufgehoben werden. Die Folge davon wäre eine Kette von den gleichen Gegenstand betreffenden, sich aber gegenseitig widersprechenden Gesetzen und Bundesverfassungsgerichtsentscheidungen. Daß ein solches Ergebnis für die Rechtssicherheit schlechthin unerträglich wäre, bedarf keiner weiteren Ausführungen.

Der Gesetzgeber ist schließlich auch durch die Gesetzeskraft der Normenqualifikationsentscheidungen gehindert, gegen diese vorzugehen.

Wie schon oben festgestellt wurde[22], gehört auch der Gesetzgeber zu den Adressaten der Gesetzeskraft, und er ist daher an die Normenqualifikationsentscheidungen gebunden. Es würde dem Sinn des § 31 BVGG nicht entsprechen, ginge man davon aus, daß der Gesetzgeber, als Verfassungsorgan, an die Entscheidungen, die die Bindungswirkung gemäß § 31 Abs. I BVGG entfalten, gebunden ist, nicht jedoch an die ihrem Inhalt nach viel wichtigeren Entscheidungen, denen gerade wegen ihrer Bedeutung Gesetzeskraft beigelegt ist.

Die durch die Gesetzeskraft bedingte Bindung des Gesetzgebers an eine Normenqualifikationsentscheidung bedeutet zunächst, daß er der Entscheidung, wenn immer sie für eine Sachgestaltung einschlägig ist, Rechnung tragen muß. Sie besagt aber gleichzeitig, daß der Gesetzgeber die gesetzeskräftige Entscheidung nicht aufheben kann. Andernfalls könnte von einer echten Bindung gar nicht gesprochen werden. Sie wäre illusorisch, wenn er sie jederzeit durch Aufhebung der Entscheidung selbst gegenstandslos machen könnte.

Gesetzeskräftige Normenqualifikationsentscheidungen sind folglich der Einwirkung des Gesetzgebers entzogen[23]. Er kann sie aus den dargelegten Gründen weder aufheben noch ist ihm sonst nach dem geltenden Recht eine Einflußnahme auf ihren Bestand und ihre Geltung gestattet[24]. Der Widerspruch zwischen einer unrichtigen gesetzeskräfti-

---

[22] Vgl. oben, Drittes Kapitel, Ziffer II. 1.
[23] So auch Zeuner, DÖV 1955, S. 339 f.
[24] Wenn der Gesetzgeber nicht befugt ist, eine gesetzeskräftige Bundesverfassungsgerichtsentscheidung aufzuheben, dann ist es wenig sinnvoll, von einem *Rang* bundesverfassungsgerichtlicher Entscheidungen zu sprechen. Vgl. dazu *Baring*, S. 66; *Schnorr*, S. 96; *Stern*, Bonner Kommentar, Art. 100 GG, Rdnr. 203 m. w. N.; ders., a.a.O., Art. 94 GG, Rdnr. 128; *Maunz-Sigloch* u. a., § 31 BVGG, Rdnr. 30 und *Draht*, S. 86.
Wird einem Staatsakt ein Rang zugeordnet, dann kann das nur die Bedeutung haben, daß ein zum Erlaß ranghöherer oder ranggleicher Akte befugtes Staatsorgan durch diese die im Vergleich zu ihnen rangniedrigeren

gen Normenqualifikationsentscheidung und Art. 25 GG ist daher seitens des Gesetzgebers nicht lösbar.

2. Aufhebung oder Abänderung einer gesetzeskräftigen Normenqualifikationsentscheidung durch das Bundesverfassungsgericht

Aus dem Umstand, daß gesetzeskräftige Normenqualifikationsentscheidungen dieselbe Wirkung wie Gesetze haben, kann nicht der Schluß gezogen werden, daß das Bundesverfassungsgericht gleich einem Normgeber seine eigenen Entscheidungen wieder aufheben kann. Die freie Dispositionsbefugnis des Gesetzgebers[25] über die von ihm erlassenen Gesetze hat ihren Grund nicht in der Wirkung dieser Staatsakte, sondern ist in ihrem Wesen und Zweck selbst zu sehen. Die Gesetzeskraft hingegen ist für die Frage der Aufhebung eines mit ihr versehenen Staatsaktes ohne Bedeutung.

Die Gesetzgebung soll das staatliche Leben den gegenwärtigen und zukünftigen Erfordernissen entsprechend gestalten und normativ regeln. Diese Aufgabe ist nur dann sinnvoll zu erfüllen, wenn die Staatsakte, die die verschiedenen Verhaltensweisen normieren, nicht von unbegrenzter Geltungsdauer sind, sondern beim Entstehen anderer und neuer Bedürfnisse auch frei widerruflich sind. Andernfalls wäre eine zweckentsprechende Gestaltung der Lebensverhältnisse gar nicht möglich. Gesetze müsen daher jederzeit aufgehoben oder abgeändert werden können.

Im Gegensatz zur Gesetzgebung besteht die Aufgabe des Bundesverfassungsgerichts im Normenqualifikationsverfahren darin, festzustellen, was *hic et nunc* rechtens ist. Das Bundesverfassungsgericht soll mit seinen Entscheidungen nicht den Gang der Rechtsentwicklung beeinflussen und gestaltend auf das Rechtsleben einwirken. Der Zweck der Entscheidungen ist vielmehr allein darin zu sehen, die gegenwärtige Rechtslage zu konkretisieren und zu klären. Die Normenqualifikationsentscheidungen sind nicht Ausfluß eines freischöpferischen Gestaltungswillens, wie das bei den Gesetzen der Fall ist, sondern der

---

Akte beseitigen kann. Da der Gesetzgeber, der das einzige Staatsorgan ist, welches gegenüber gesetzeskräftigen Bundesverfassungsgerichtsentscheidungen ranghöhere Staatsakte erlassen könnte, aber nicht befugt ist, diese Entscheidungen aufzuheben, ist nicht ersichtlich, wozu die Rangeinstufung von Bundesverfassungsgerichtsentscheidungen dienen soll. Sie ist einmal überflüssig, und wenn man zum anderen bedenkt, daß Gerichtsentscheidungen grundsätzlich kein rechtlich relevanter Rang zukommt, überdies noch irreführend. Es ist daher verfehlt, von einem Rang gesetzeskräftiger Bundesverfassungsgerichtsentscheidungen zu sprechen. Im Ergebnis ebenso *Schrag*, S. 102 und *v. Landsberg-Velen*, S. 122 f.

[25] Sie ist nur dann eingeschränkt, wenn höherrangiges Recht, z. B. die Verfassung, den Erlaß eines bestimmten Gesetzes gebietet.

I. Aufhebung von Normenqualifikationsentscheidungen

konkrete Ausspruch über die im Zeitpunkt der Entscheidung gegebene Rechtslage.

Schon aus dieser im Vergleich zu einem Gesetz ganz anders gearteten Funktion einer Normenqualifikationsentscheidung folgt, daß diese nicht wie ein Gesetz frei widerruflich sein kann, sondern umgekehrt, da sie eine allgemein verbindliche Feststellung über bestehendes Recht enthält, aus Gründen der Rechtssicherheit grundsätzlich unaufhebbar sein muß.

Daß das Bundesverfassungsgericht nicht die Befugnis haben kann, die von ihm erlassenen Normenqualifikationsentscheidungen zu widerrufen, folgt außerdem aus deren Rechtsprechungscharakter und der Stellung des Bundesverfassungsgerichts als Gericht. Abgesehen von der Unanfechtbarkeit der Normenqualifikationsentscheidungen, durch welche ihre unbedingte Geltung gegenüber Dritten eintritt[26], sind diese auch gegenüber einer potentiellen Aufhebung seitens des Bundesverfassungsgerichts in ihrem Bestand geschützt.

Es ist eine typische Erscheinung der Rechtsprechung, daß das erkennende Gericht seine eigenen Entscheidungen nicht mehr aufheben kann. Dieses Widerrufsverbot gilt grundsätzlich für alle Prozeßarten und ist teilweise auch positivrechtlich geregelt. In der Zivilprozeßordnung zeigt es sich zum Beispiel in § 318 und in den Vorschriften, die die Abänderung offensichtlicher Unrichtigkeiten des Urteils regeln. Diese wären nicht verständlich, wenn nicht die Entscheidung von dem erkennenden Gericht grundsätzlich unwiderruflich wäre.

Da das allgemeine Widerrufsverbot jeder rechtsprechenden Tätigkeit eigen ist, muß es auch für das Bundesverfassungsgericht gelten, soweit dieses als Gericht tätig wird und seine Entscheidungen Rechtsprechungscharakter tragen[27].

Bei der Normenqualifikation übt das Bundesverfassungsgericht rechtsprechende Tätigkeit aus, und es ist daher zumindest in diesem Verfahren durch das Widerrufsverbot gehindert, die von ihm erlassenen Entscheidungen aufzuheben.

Zum Beweis für die Unwiderruflichkeit von Normenqualifikationsentscheidungen kann auch § 40 BVGG herangezogen werden[28]. Nach dieser Vorschrift kann eine im Verfahren nach § 13 Nr. 1 BVGG ergangene Entscheidung unter gewissen Voraussetzungen abgeändert oder aufgehoben werden.

§ 40 ist die einzige Vorschrift im BVGG, die solches zuläßt. Aus ihrem Vorhandensein kann daher wohl der Gegenschluß gezogen wer-

---

[26] Vgl. *Bötticher*, S. 15 und 94.
[27] Vgl. *Zeuner*, DÖV 1955, S. 336.
[28] Siehe dazu insbesondere *Zeuner*, DÖV 1955, S. 336.

den, daß ansonsten eine Aufhebung einer Entscheidung durch das Bundesverfassungsgericht nicht dem Willen des Gesetzes entspricht. Wenn nämlich das Bundesverfassungsgericht generell die Befugnis hätte, seine Entscheidungen zu widerrufen, dann wäre diese spezielle Vorschrift überflüssig und ihr Vorhandensein nicht verständlich.

Auch wenn man die bisher angeführten Argumente nicht gelten ließe, müßte man die Frage, ob das Bundesverfassungsgericht eine Normenqualifikationsentscheidung aufheben kann, schon deshalb verneinen, weil nicht ersichtlich ist, auf welche Weise das Bundesverfassungsgericht jemals in die Lage kommen soll, seine eigene Entscheidung zu widerrufen.

Es wäre zwar wünschenswert, wenn das Bundesverfassungsgericht, stellt es fest, daß eine von ihm gefällte Normenqualifikationsentscheidung unrichtig ist, von sich aus, d. h. *ex officio*, tätig werden und diese Entscheidung aufheben könnte. Nach der gegenwärtigen Rechtslage ist das jedoch nicht möglich.

Das Verfahren vor dem Bundesverfassungsgericht ist zwar durch das BVGG nicht abschließend geregelt[29]. Man könnte deshalb meinen, daß das Bundesverfassungsgericht aus eigener Initiative tätig werden kann, denn insoweit ist im BVGG keine ausdrückliche Regelung getroffen. Bei einer Gesamtwürdigung dieses Gesetzes zeigt sich jedoch deutlich, daß der Gesetzgeber davon ausgegangen sein muß, daß dem Bundesverfassungsgericht ein *ex officio* Tätigwerden nicht möglich ist.

Sämtliche im BVGG geregelten Verfahren sind von einem Antrag[30] abhängig. Das gilt insbesondere auch für den Ausnahmefall der Aufhebung oder Abänderung einer Entscheidung gemäß § 40 BVGG. Dagegen ist nirgends ein Hinweis darauf zu finden, daß das Bundesverfassungsgericht auch ohne Anstoß von außen tätig werden kann. In Anbetracht dieser eindeutigen Sprache des Gesetzes muß davon ausgegangen werden, daß dem Bundesverfassungsgericht selbständiges Handeln nicht gestattet ist. Diese Annahme wird gestützt durch die Tatsache, daß das Bundesverfassungsgericht nach dem Grundgesetz die Stellung eines Gerichts hat. Gerichte sind aber grundsätzlich nicht in der Lage, aus eigener Initiative einen Fall aufzugreifen[31]; sie dürfen vielmehr erst dann tätig werden, wenn sie einen Anstoß von außen erhalten haben[32].

Ist das Bundesverfassungsgericht also nicht befugt, *ex officio* tätig zu werden, dann könnte es eine gesetzeskräftige Normenqualifikations-

---
[29] Siehe *Geiger*, Kommentar, Vorbemerkung zu § 17 BVGG, Anm. 2.
[30] *Antrag* ist hier im weiteren Sinn zu verstehen. Auch die *Beschwerde* oder die *Vorlage* fallen darunter. Vgl. z. B. die §§ 36, 43, 58, 64, 48, 96, 91, 80, 83 und 85 BVGG.
[31] Vgl. dazu *Bötticher*, S. 47.
[32] *Schaefer*, S. 68.

I. Aufhebung von Normenqualifikationsentscheidungen

entscheidung nur auf einen Antrag hin widerrufen. Wer aber soll berechtigt sein, die vom Bundesverfassungsgericht im Normenqualifikationsverfahren bereits entschiedene Frage ihm nochmals vorzulegen[33]?

Bei der Erörterung der Gesetzeskraft wurde festgestellt, daß durch diese jedermann ohne Ausnahme verpflichtet wird, die mit ihr ausgestattete Entscheidung zu befolgen. Von einer gesetzeskräftigen Entscheidung darf also weder abgewichen noch kann sie überhaupt in rechtlich relevanter Weise in Frage gestellt werden. Das bedeutet, daß in jedem Vorgehen gegen sie ein Verstoß gegen die Gesetzeskraft selbst liegt und dies deshalb rechtlich nicht zulässig sein kann[34].

Von Rechts wegen kann folglich niemand die gesetzeskräftig entschiedene Sache nochmals dem Bundesverfassungsgericht mit der Behauptung, die Entscheidung sei unrichtig, unterbreiten. Dieses kann daher gar nicht mehr in die Lage kommen, eine gesetzeskräftige Normenqualifikationsentscheidung, weil es deren Fehlerhaftigkeit festgestellt hat, zu widerrufen, denn ein darauf abzielender Anstoß von außen ist wegen der Gesetzeskraft der Entscheidung rechtlich nicht möglich.

Die Aufhebung einer unrichtigen gesetzeskräftigen Normenqualifikationsentscheidung ist also, folgt man der hier vertretenen Meinung, weder dem Gesetzgeber noch dem Bundesverfassungsgericht selbst möglich.

Der Gesetzgeber kann wegen des Gewaltenteilungsprinzips keinen Einfluß auf den Bestand einer Normenqualifikationsentscheidung ausüben, und das Bundesverfassungsgericht ist an der Aufhebung seiner Entscheidungen durch das allgemeine Widerrufsverbot gehindert. Darüber hinaus kann das Bundesverfassungsgericht gar nicht mehr in die Situation kommen, sich nochmals mit einer gesetzeskräftigen Normenqualifikationsentscheidung zu befassen, da ihm einerseits ein Handeln aus eigener Initiative nicht erlaubt ist[35] und andererseits ihm von einem Außenstehenden wegen der jedermann an die Entscheidung bindenden Wirkung der Gesetzeskraft dieselbe Sache nicht nochmals zur Beurteilung unterbreitet werden kann.

Der Widerspruch zwischen einer unrichtigen gesetzeskräftigen Normenqualifikationsentscheidung und Art. 25 GG, welcher darin besteht, daß die von Art. 25 GG intendierte Übereinstimmung zwischen all-

---

[33] Hier ist nur an den Fall gedacht, daß von irgendeiner Seite die vom BVerfG bereits in einer gesetzeskräftigen Normenqualifikationsentscheidung entschiedene Sache nochmals aufgeworfen wird, ohne daß dabei gleichzeitig eine Veränderung der der früheren Entscheidung zugrunde liegenden Verhältnisse geltend gemacht wird.
[34] Vgl. *Zeuner*, DÖV 1955, S. 336.
[35] Ebenso *Maunz-Sigloch* u. a., § 31 BVGG, Rdnr. 25 und *Schaefer*, S. 68.

gemeinem Völkerrecht und innerstaatlichem Recht vereitelt wird, weil jedermann die Entscheidung, die im Gegensatz zu der durch die Inkorporierung geschaffenen Rechtslage steht, befolgen muß, ist also durch Beseitigung der Entscheidung selbst nicht lösbar. Die sich daraus ergebenden Folgerungen sollen jedoch erst weiter unten erörtert werden[36].

II. Der Einfluß einer Veränderung der Völkerrechtsordnung auf die Wirkung gesetzeskräftiger Normenqualifikationsentscheidungen

Von ganz anderer Art als in dem im letzten Abschnitt behandelten Fall der ursprünglichen, inhaltlichen Fehlerhaftigkeit einer gesetzeskräftigen Normenqualifikationsentscheidung zeigt sich die Problematik, wenn eine Normenqualifikationsentscheidung, bedingt durch einen Wandel des ihr zugrunde liegenden Völkerrechts, mit diesem und mit der durch die Inkorporierung geschaffenen innerstaatlichen Rechtslage nicht mehr übereinstimmt. Tritt dieser Fall ein, dann stellt sich nicht die Frage, ob die gesetzeskräftige Normenqualifikationsentscheidung aufgehoben oder abgeändert werden kann, um den dem Art. 25 GG und dem Völkerrecht allein entsprechenden Zustand wiederherzustellen. Eine solche Einwirkung, abgesehen davon, daß sie, wie gezeigt, von keiner Seite möglich ist, wäre sogar falsch, da die Normenqualifikationsentscheidung im Zeitpunkt ihrer Verkündung richtig war; sie entsprach der tatsächlich gegebenen Rechtslage. Vielmehr handelt es sich hier allein um die Frage, ob die Entscheidung, trotz des Wandels im Völkerrecht, wegen der ihr zukommenden Gesetzeskraft noch allgemein verbindlich ist, was zur Folge hätte, daß durch sie die von Art. 25 GG bezweckte Übereinstimmung zwischen Völkerrecht und staatlichem Recht im Einzelfall suspendiert wäre. Äußert dagegen die Gesetzeskraft im Hinblick auf die veränderte Situation keine Wirkung mehr, wird jene mit anderen Worten begrenzt durch eine im Völkerrecht und damit auch in der innerstaatlichen Rechtsordnung eintretende Veränderung derjenigen Tatsachen, auf welchen die Normenqualifikationsentscheidung beruht, dann ist künftighin im Hinblick auf die veränderte Lage niemand mehr an jene gebunden. Ein Widerspruch zwischen der gesetzeskräftigen Normenqualifikationsentscheidung und Art. 25 GG würde also nicht eintreten.

Bei einer solchermaßen begrenzten Wirkung der Gesetzeskraft könnte insbesondere das Bundesverfassungsgericht auf erneute Vorlage eines Gerichts gemäß Art. 100 Abs. II GG nochmals über eine allgemeine Regel des Völkerrechts, die schon Gegenstand einer früheren Entschei-

---

[36] Vgl. unten, Fünftes Kapitel.

II. Völkerrechtsordnung und Normenqualifikationsentscheidung

dung war, befinden und könnte dabei zu einer im Vergleich zur ersten inhaltlich abweichenden zweiten Normenqualifikationsentscheidung kommen.

Dies ist hingegen nicht möglich, wenn die Gesetzeskraft ungeachtet der veränderten Lage weiterhin wirkt. Eine Vorlage gemäß Art. 100 Abs. II GG kommt dann nicht in Betracht, da jedes Gericht an die Normenqualifikationsentscheidung gebunden ist und diese deswegen durch eine neue Vorlage gar nicht mehr in Frage stellen darf. Denkbar wäre allenfalls, daß das Bundesverfassungsgericht in einem anderen Verfahren, z. B. im Zusammenhang mit einer Verfassungsbeschwerde, mit einer allgemeinen Regel des Völkerrechts, über welche schon zuvor im Verfahren nach Art. 100 Abs. II GG entschieden worden ist, konfrontiert wird. Bei bestehender Gesetzeskraft der früheren Entscheidung ist jedoch das Bundesverfassungsgericht, auch wenn es feststellt, daß sich seit Erlaß dieser Entscheidung das ihr zugrunde liegende Völkerrecht geändert hat, gehindert, inhaltlich abweichend von ihr zu entscheiden.

Nun wird zwar im Hinblick auf Entscheidungen, die nur die Bindungswirkung gemäß § 31 Abs. I BVGG entfalten, verschiedentlich[37] die Meinung vertreten, das Bundesverfassungsgericht selbst könne von diesen Entscheidungen abweichen; es sei also von der Bindungswirkung nicht betroffen.

Daraus könnte man folgern, daß auch die Gesetzeskraft nicht gegenüber dem Bundesverfassungsgericht wirkt. Eine dogmatisch haltbare Begründung wird für jene Auffassung jedoch nicht gegeben und wird sich wohl auch kaum finden lassen. Wenn gemäß § 31 Abs. I BVGG alle Verfassungsorgane an die Entscheidungen des Bundesverfassungsgerichts gebunden sind, dann muß auch das Bundesverfassungsgericht daran gebunden sein, da es ein Verfassungsorgan des Bundes ist. In einer seiner ersten Entscheidungen[38] hat es daher auch zutreffend eine Bindung an die eigenen Entscheidungen bejaht. Die später davon abweichende und jetzt wohl herrschende Auffassung in der Rechtsprechung des Bundesverfassungsgerichts ist dagegen systemwidrig und abzulehnen[39]. Gegen sie spricht insbesondere das Gebot der Rechts-

---

[37] BVerfG E 4/31 (38 f.) und 20/56 (86 f.); *Geiger*, Kommentar, § 31 BVGG, Anm. 7; ders., NJW 1954, S. 1058; *v. Landsberg-Velen*, S. 114; *Maunz-Sigloch* u. a., § 31 BVGG, Rdnr. 18; *Pfeiffer*, S. 277; BGH GSZ, in: JZ 1954, S. 492; *Bursche*, S. 598; *Schaefer*, S. 71: „die schwierigen Folgen sind aber auch der einzige Grund, der für die Ausnahme des Bundesverfassungsgerichts von den bindenden Wirkungen gemäß § 31 BVGG spricht". Für die entsprechende Vorschrift im bay. Recht — § 21 VerfGHG — vgl. BayVerfGH E 15/183 f. Schwankend, aber im Ergebnis doch für eine Bindung: *Lechner*, S. 193.
[38] Vgl. BVerfG E v. 29. 11. 1951, Bd. 1/89 (90).
[39] Ebenso *Willms*, JZ 1954, S. 526; ders., NJW 1953, S. 482, FN 8 und *Schrag*, S. 114 ff.

sicherheit, worauf schon *Schrag*[40] zutreffend hingewiesen hat. Wäre es nämlich dem Bundesverfassungsgericht gestattet, von seinen Entscheidungen abzuweichen, dann stünden die gebundenen Stellen unter Umständen vor zwei sich widersprechenden Entscheidungen. Da es einen Satz, demzufolge eine spätere Entscheidung einer früheren vorgeht, nicht gibt, wären die gebundenen Stellen folglich gehalten, selbst zu entscheiden, welche Entscheidung für sie verbindlich ist. Daß dieses Ergebnis nicht richtig sein kann, braucht nicht näher ausgeführt zu werden. Wenn aber das Bundesverfassungsgericht nicht von seinen gemäß § 31 Abs. I BVGG bindenden Entscheidungen abweichen darf, dann muß das auch für die Entscheidungen gelten, die gesetzeskräftig werden, da die Gesetzeskraft sich von der Bindungswirkung nicht in der Art und Intensität ihrer Wirkung, sondern nur hinsichtlich des Adressatenkreises unterscheidet[41].

Eine zweite von der ersten inhaltlich abweichende gesetzeskräftige Normenqualifikationsentscheidung des Bundesverfassungsgerichts ist folglich nur dann möglich, wenn die Gesetzeskraft der ersten Entscheidung keine Wirkung mehr äußert, denn andernfalls ist weder eine neue Vorlage nach Art. 100 Abs. II GG zulässig noch könnte das Bundesverfassungsgericht eine zweite, der ersten widersprechende Entscheidung fällen.

Die Frage, ob die Gesetzeskraft einer Normenqualifikationsentscheidung einer inhaltlich abweichenden zweiten Entscheidung, trotz einer die Grundlagen der ersten Entscheidung berührenden Veränderung im Völkerrecht, entgegensteht, d. h. ob die Entscheidung ohne Rücksicht auf die veränderten Verhältnisse verbindlich bleibt, betrifft teilweise das Gebiet, welches in anderen Gerichtsverfahren von der materiellen Rechtskraft geregelt wird.

Wenn die Gesetzeskraft nur eine Form der materiellen Rechtskraft wäre, wie das teilweise behauptet wird[42], dann bestünden kaum Schwierigkeiten, die gegenständlichen Grenzen der Wirkung der Gesetzeskraft zu bestimmen, denn in diesem Fall könnten die Regeln, die im Zivil- und Verwaltungsprozeß hinsichtlich der Grenzen der materiellen Rechtskraft entwickelt worden sind, auch auf die Gesetzeskraft übertragen werden.

Da nun aber nach dem hier vertretenen Standpunkt die Gesetzeskraft von der materiellen Rechtskraft wesensverschieden ist[43], ist ein solches Vorgehen nicht zulässig. Die Grenzen der Allgemeinverbindlichkeit einer gesetzeskräftigen Normenqualifikationsentscheidung müs-

---

[40] *Schrag*, S. 114.
[41] Vgl. dazu Drittes Kapitel, Ziffer II, 2.
[42] Vgl. die im Dritten Kapitel, FN 7, genannten Autoren.
[43] Siehe dazu Drittes Kapitel, Ziffer II, 1.

II. Völkerrechtsordnung und Normenqualifikationsentscheidung 93

sen vielmehr, soweit von der Sache her nichts anderes geboten ist, unabhängig von den zu der materiellen Rechtskraft entwickelten Lehren bestimmt werden. Es wird sich dabei jedoch zeigen, daß der gegenständliche Umfang der Gesetzeskraft nicht wesentlich von dem der materiellen Rechtskraft abweicht.

Die Untersuchungen zur Gesetzeskraft haben ergeben[44], daß durch diese den Normenqualifikationsentscheidungen die Allgemeinverbindlichkeit eines Gesetzes beigelegt wird. Trotz dieser gesetzesgleichen Wirkung bleiben sie jedoch Akte der Rechtssprechung — Gerichtsentscheidungen —, was dafür spricht, daß sie zeitlich unbegrenzt verbindlich sind.

Dies ergibt sich aus den folgenden Erwägungen: Die Gesetzeskraft als eine Form der Wirkung eines Staatsaktes hat mit der Geltungsdauer des mit ihr versehenen Aktes nichts zu tun. Sie hat allein die Aufgabe, dessen Wirksamkeit für jedermann herbeizuführen. Sie ist jedoch neutral gegenüber dessen zeitlicher Geltung und hat auf diese keinen Einfluß. Vielmehr ist gerade das Gegenteil der Fall, da mit dem Ende der Geltung des Staatsaktes notwendig auch die Gesetzeskraft hinfällig wird. Ein nicht mehr geltender Staatsakt kann nicht mehr allgemein verbindlich sein; er äußert überhaupt keine Wirkungen mehr. Diese Abhängigkeit der Gesetzeskraft von dem Staatsakt, dessen allgemeine Verbindlichkeit sie bedingt, wird besonders bei den Gesetzen deutlich. Diese werden existent und gültig mit dem Gesetzesbeschluß. Sie erhalten damit gleichzeitig ihre jedermann verpflichtende Wirkung, die Gesetzeskraft. Hebt jedoch der Gesetzgeber das Gesetz wieder auf, was grundsätzlich in seinem freien Ermessen steht, dann fällt mit der Geltung des Gesetzes notwendig auch dessen Wirkung weg.

Dies zeigt deutlich, daß für die Dauer der Wirkung der Gesetzeskraft nicht sie selbst, sondern die Geltung des Staatsaktes, dem sie beigelegt ist, ausschlaggebend ist.

Überträgt man diese Gedanken auf die gesetzeskräftigen Normenqualifikationsentscheidungen, dann muß davon ausgegangen werden, daß die Gesetzeskraft so lange die Verbindlichkeit der Entscheidungen bedingt, als diese selbst gelten. Da eine Normenqualifikationsentscheidung aber weder aufhebbar noch abänderbar ist, insbesondere das Bundesverfassungsgericht nicht wie der Gesetzgeber im Hinblick auf die von ihm beschlossenen Gesetze die Befugnis hat, die Geltung, den Bestand seiner Entscheidungen zu beseitigen[45], müssen diese ohne zeitliche Begrenzung allgemeinverbindlich sein.

Obwohl es demnach zunächst nicht möglich scheint, daß das Bundesverfassungsgericht eine zweite von einer früheren inhaltlich abwei-

---
[44] Vgl. Drittes Kapitel, Ziffer II, 1.
[45] Vgl. Ziffer I, 1 und 2 dieses Kapitels.

chende Normenqualifikationsentscheidung hinsichtlich derselben Völkerrechtsregel fällt, wird nicht selten im Rahmen von Untersuchungen zur konkreten oder abstrakten Normenkontrolle, bei der die Problematik nicht wesentlich anders gelagert ist, die Ansicht geäußert, daß ein neuer Antrag auf eine Entscheidung beim Bundesverfassungsgericht dann zulässig ist, wenn dieses die *Vereinbarkeit* einer Norm mit höherrangigem Recht in einer früheren Entscheidung ausgesprochen hat, *nachträglich* jedoch Umstände eingetreten sind, die gegen die Vereinbarkeit sprechen[46]. Zu den hier interessierenden gesetzeskräftigen Normenqualifikationsentscheidungen haben, soweit ersichtlich, nur *Münch* und *Stern*[47] Stellung genommen, wobei Stern der Ansicht ist, daß eine neue Vorlage immer dann zulässig sei, wenn das erkennende Gericht sie mit einem Wandel im Völkerrecht begründe. Münch neigt offenbar auch dieser Meinung zu, legt sich aber im Ergebnis nicht auf sie fest.

Die mit dieser Auffassung notwendig verbundene Annahme, daß die Gesetzeskraft dann insoweit keine Wirkung mehr äußert, findet jedoch nirgendwo eine nähere Begründung. Gleichwohl kann den Vertretern dieser Meinung, wie gezeigt werden wird, im Ergebnis zugestimmt werden.

Die Frage, ob eine gesetzeskräftige Normenqualifikationsentscheidung trotz veränderter Rechtslage noch verbindlich ist, und deshalb einerseits das Bundesverfassungsgericht gehindert ist, über eine erneute Vorlage hinsichtlich derselben Völkerrechtsregel nochmals zu entscheiden, und andererseits, da jedermann wegen der Gesetzeskraft zur Befolgung der Entscheidung verpflichtet ist, eine Berufung auf die durch den Wandel im Völkerrecht bedingte neue Rechtslage unzulässig ist, kann nicht mit dem Hinweis, daß die Gesetzeskraft, wie oben gezeigt, zeitlich unbegrenzt wirkt, beantwortet werden. Denn die Feststellung, daß die Gesetzeskraft der Normenqualifikationsentscheidung keiner zeitlichen Begrenzung unterworfen ist, weil die Entscheidung selbst in ihrer Geltung und in ihrem Bestand unangreifbar und deswegen unumstößlich ist, gibt keinen Aufschluß darüber, für welche Sachgestaltungen die Entscheidung gilt und dementsprechend auch wirkt. Auf das letztere kommt es jedoch bei dem hier zu erörternden Problem entscheidend an.

---

[46] So *Windisch*, S. 200; *Bogs*, S. 635; *Friesenhahn*, Die Verfassungsgerichtsbarkeit, S. 51; *Pohle*, S. 25 f.; *Schaefer*, S. 71 f.; *Draht*, S. 115, Leitsatz 16 und *Maunz-Sigloch* u. a., § 81 BVGG, Rdnr. 5, FN 12. Ebenso der BayVerfGH in ständiger Rechtsprechung hinsichtlich der Bindungswirkung gemäß § 21 VerfGHG, die, da sie mit der Bindung gemäß § 31 Abs. I BVGG identisch ist, auch von der Gesetzeskraft nicht wesensverschieden ist: E 5/166 (183 f.), 8/59 (63), 11/127 (140), 15/29 (33 f.) und 17/1 f.
[47] *Münch*, JZ 1964, S. 165; *Stern*, Bonner Kommentar, Art. 100 GG Rdnr. 261.

II. Völkerrechtsordnung und Normenqualifikationsentscheidung 95

Aus dem Institut der Gesetzeskraft läßt sich für die Frage, inwieweit die Normenqualifikationsentscheidung verbindlich ist, nichts herleiten, denn diese sagt nur etwas aus über die *Art* der Wirkung und über ihren *Adressatenkreis*. Es muß vielmehr auf die in Gesetzeskraft erwachsende Normenqualifikationsentscheidung, insbesondere auf deren Inhalt, abgestellt werden. Nur auf diese Weise läßt sich feststellen, ob eine gesetzeskräftige Normenqualifikationsentscheidung, trotz eines die ihren Inhalt bildende Regel berührenden Wandels des Völkerrechts, weiterhin auch für die dadurch entstandene neue Rechtslage verbindlich ist.

Das ist die Folge davon, daß die Gesetzeskraft eine *Wirkung* der Normenqualifikationsentscheidung ist, und sie sich als solche nur insoweit entfalten kann, als die Entscheidung, der sie beigelegt ist, ihrem Inhalt nach für einen bestimmten, nämlich dem ihr zugrunde liegenden Fall gilt. Die Gesetzeskraft kann mit anderen Worten die Verbindlichkeit einer Normenqualifikationsentscheidung nur insoweit herbeiführen, als tatsächlich vom Bundesverfassungsgericht entschieden worden ist. Diese Abhängigkeit der Wirkung einer Entscheidung von dieser selbst zeigt sich auch deutlich in den Vorschriften der ZPO und der VwGO über die materielle Rechtskraft. Diese können hier zum Vergleich herangezogen werden, da sich die materielle Rechtskraft von der Gesetzeskraft zwar in ihrem Wesen, nicht jedoch in ihrer Eigenschaft als Entscheidungswirkung unterscheidet, um welche es an dieser Stelle ausschließlich geht.

Wenn es in § 322 ZPO heißt, daß Urteile nur *insoweit* der Rechtskraft fähig sind, als über den durch die Klage oder durch die Widerklage erhobenen Anspruch entschieden ist und in § 121 VwGO, daß rechtskräftige Urteile die Beteiligten und ihre Rechtsnachfolger *soweit* binden, als über den Streitgegenstand entschieden worden ist, so wird damit auch ausgedrückt, daß die materielle Rechtskraft nur *soweit* wirken kann, als tatsächlich entschieden worden ist.

Die materielle Rechtskraft und die Gesetzeskraft können daher ihre Wirkungen nur innerhalb der Grenzen der vom Gericht erlassenen spezifischen Entscheidung entfalten.

Für die gesetzeskräftige Normenqualifikationsentscheidung bedeutet dies, daß sie nur für den bestimmten Fall, der durch sie entschieden wurde, allgemein verbindlich ist.

Würde sich nun eine Normenqualifikationsentscheidung in dem von allen anderen Umständen losgelösten, abstrakten Ausspruch, daß eine allgemeine Regel des Völkerrechts Bestandteil des Bundesrechts ist, erschöpfen, dann wäre in der Tat jeder einzelne gehalten, diese Entscheidung zu befolgen, wenn immer die in ihr festgestellte Regel für eine Sachgestaltung eine Rolle spielt, und zwar ohne Rücksicht darauf, ob sich seit der Entscheidung die dieser zugrunde liegenden Verhältnisse geändert haben, mit der Folge, daß die Entscheidung nicht mehr der tatsächlichen Rechtslage entspricht. Denn die Gesetzeskraft würde nur dort nicht mehr zur Befolgung der Entscheidung verpflichten, wo die in dieser festgestellte Regel nicht einschlägig ist, da *insoweit* das Bundesverfassungsgericht nicht entschieden hat.

Dies ist aber nicht der Fall, denn unter ‚Entscheidung' kann nicht allein der Tenor, losgelöst von dem Rechtsfall, dessen abschließende Würdigung er darstellt, verstanden werden. Vielmehr beinhaltet der Begriff ‚Entscheidung', die gemäß § 31 Abs. II BVGG in Gesetzeskraft erwächst, mehr als nur die Entscheidungsformel, die im Bundesgesetzblatt zu veröffentlichen ist.

Das Bundesverfassungsgericht soll im Normenqualifikationsverfahren keine neuen, abstrakten Rechtssätze aufstellen, sondern es muß einen ganz konkreten, nämlich den vom erkennenden Gericht vorgelegten Rechtsfall entscheiden. Dieser ist die *conditio sine qua non* der Entscheidung. Ist einerseits der vom erkennenden Gericht vorgelegte Fall nicht hinwegzudenken, ohne daß auch die Entscheidung entfiele, so ist andererseits auch die Entscheidung in ihrem Ausspruch beschränkt auf diesen Fall.

Nur der spezielle, den Gegenstand der Normenqualifikation bildende Fall wird vom Bundesverfassungsgericht entschieden, weshalb auch die Entscheidung nur für ihn gelten kann. Aus diesem Abhängigkeitsverhältnis zwischen der Normenqualifikationsentscheidung und ihrem Gegenstand folgt, daß sich jene, bzw. ihr Inhalt nach diesem bestimmt. Die Normenqualifikationsentscheidung wird also in ihrem Inhalt konkretisiert durch das ihr zugrunde liegende Objekt.

Ist aber die Normenqualifikationsentscheidung inhaltlich festgelegt durch ihren Gegenstand, und ist die Wirkung der Gesetzeskraft begrenzt auf die Entscheidung, deren Allgemeinverbindlichkeit sie herbeiführen soll, dann ist auch der Umfang der Wirkung der Gesetzeskraft abhängig von dem Entscheidungsgegenstand. Denn da die Gesetzeskraft nur zur Befolgung der konkreten Entscheidung verpflichten kann, diese aber allein eine Würdigung ihres Gegenstandes beinhaltet und von diesem nicht abstrahiert werden kann, kann auch die Gesetzeskraft der Normenqualifikationsentscheidung nicht eine über ihren Gegenstand hinausgehende Wirkung verleihen.

Das hat zur Folge, daß eine gesetzeskräftige Normenqualifikationsentscheidung nur dann verbindlich sein kann, wenn eine Situation gegeben ist, in der der gleiche Entscheidungsgegenstand vorliegt. Ist das nicht der Fall, dann kann die Entscheidung nicht mehr verbindlich sein, denn insoweit enthält sie keine Aussage. Es handelt sich dann vielmehr um einen Fall, der einen, im Vergleich zu dem der Entscheidung zu-

II. Völkerrechtsordnung und Normenqualifikationsentscheidung 97

grunde liegenden, anders gearteten Gegenstand darstellt; über diesen hat jedoch das Bundesverfassungsgericht nicht entschieden, und die Gesetzeskraft kann demgemäß auch nicht für ihn die Verbindlichkeit der Entscheidung herbeiführen. Im Hinblick auf diesen anderen, *neuen* Gegenstand ist dann niemand mehr an die Entscheidung gebunden, und es ist daher auch eine neue Vorlage beim Bundesverfassungsgericht zulässig, über welche dieses, ohne von der Gesetzeskraft der ersten Entscheidung gehindert zu sein, entscheiden kann.

Die vorstehenden Überlegungen haben gezeigt, daß dem Gegenstand der Normenqualifikationsentscheidung ausschlaggebende Bedeutung für die Abgrenzung des Umfangs der Wirkung der Gesetzeskraft zukommt. Es muß daher zunächst geklärt werden, was unter dem Gegenstand der Normenqualifikationsentscheidung zu verstehen ist, bevor die eingangs gestellte Frage beantwortet werden kann, ob ein Wandel im Völkerrecht, welcher die der Entscheidung zugrunde liegende allgemeine Regel berührt, wegen der Gesetzeskraft unbeachtet bleiben muß oder ob die gesetzeskräftige Normenqualifikationsentscheidung hinsichtlich der veränderten Rechtslage nicht mehr verbindlich ist.

Ist nämlich der konkrete Gegenstand, über welchen das Bundesverfassungsgericht entschieden hat, in seiner inhaltlichen Ausgestaltung abhängig von den im Zeitpunkt der Verkündung der Entscheidung geltenden, für diese relevanten tatsächlichen Gegebenheiten im Völkerrecht, dann beeinflußt jede sie betreffende völkerrechtliche Veränderung die Identität des Entscheidungsgegenstandes. Das hätte zur Folge, daß die gesetzeskräftige Normenqualifikationsentscheidung, da sie nur für ihren Gegenstand gelten und auch wirken kann, für die durch den Wandel im Völkerrecht geschaffene neue Rechtslage nicht mehr verbindlich ist, da diese einen anders gearteten Gegenstand darstellen würde.

Im Anschluß an die in der Zivilprozeßlehre wohl herrschende[48] und auch in der Verwaltungsprozeßlehre vertretene[49] Meinung, wonach der Streitgegenstand im wesentlichen aus Antrag und dem diesen begründenden Sachverhalt besteht, hält *Maunz*[50] diesen zweigliedrigen Streitgegenstandsbegriff auch für den Verfassungsprozeß generell für zutreffend.

In Anbetracht der grundsätzlichen Unterschiede zwischen den Verfahren im Zivil- und Verwaltungsprozeß einerseits und dem Normenqualifikationsverfahren andererseits, ist es jedoch nicht ratsam, die für

---
[48] So im wesentlichen übereinstimmend: *Lent-Jauernig*, § 37 III, S. 109; *Thomas-Putzo*, Einleitung II, Anm. 6, 7; *Baumbach-Lauterbach*, § 2, Anm. 2 A und B; *Schröder-Schönke-Niese*, § 47, Anm. I; *Stein-Jonas-Schönke-Pohle*, § 253, Anm. II, 2 und *Habscheid*, S. 221.
[49] *Lüke*, Jus 1967, S. 8. Ähnlich wohl auch *Eyermann-Fröhler*, S. 573.
[50] *Maunz-Sigloch* u. a., § 13 BVGG, Anm. II, 3, S. 8.

jene Prozeßarten geprägten Begriffe ohne weiteres auf das Normenqualifikationsverfahren zu übertragen. Es muß daher zunächst versucht werden, einen speziell die Eigenart des Normenqualifikationsverfahrens berücksichtigenden Entscheidungsgegenstandsbegriff zu entwickeln.

Zunächst wird man ganz allgemein sagen können, daß der Entscheidungsgegenstand im Normenqualifikationsverfahren dasjenige ist, worüber das Bundesverfassungsgericht entscheidet[51].

Da das Bundesverfassungsgericht bei der Normenqualifikation Recht spricht, also als Gericht tätig ist, kann es, wie schon erörtert[52], nicht *ex officio* eine Sache an sich ziehen, sondern kann nur auf Anstoß von außen her eine Entscheidung fällen. Es liegt daher nahe, in der Vorlage des erkennenden Gerichts, denn nur durch dieses kann ein Normenqualifikationsverfahren in Gang gesetzt werden, das für die Individualisierung des Entscheidungsgegenstandes ausschlaggebende Elemente zu sehen[53].

Durch die Vorlage wird der vom Bundesverfassungsgericht zu entscheidende Rechtsfall zunächst einmal fixiert, und sie bestimmt damit auch Inhalt und Umfang der Entscheidung selbst. Denn das Bundesverfassungsgericht kann nur über die in der Vorlage genannte Völkerrechtsregel entscheiden. Es ist zwar nicht an den Wortlaut der Vorlage gebunden, sondern kann diese umformulieren. Es kann hingegen nicht deren sachlichen Inhalt verändern und über etwas anderes als das vom erkennenden Gericht Gewollte entscheiden — *ne eat iudex ultra petita partium*. Das Bundesverfassungsgericht ist also bei seiner Entscheidung an die Vorlage gebunden und kann nur einen Ausspruch darüber fällen, ob die in der Vorlage genannte Regel Bestandteil des Bundesrechts ist oder nicht und im ersteren Fall, ob und gegebenenfalls welche Rechte und Pflichten der einzelnen begründet werden.

Die Vorlage des erkennenden Gerichts bildet folglich zumindest *einen* Teil des Gegenstandes der Normenqualifikationsentscheidung.

Fraglich ist, ob die Vorlage des erkennenden Gerichts der einzige Bestandteil des Entscheidungsgegenstandes im Normenqualifikationsverfahren ist oder ob dieser daneben einen wie auch immer gearteten Sachverhalt beinhaltet.

---

[51] Für das Normenkontrollverfahren im Ergebnis ebenso: *Eckl*, S. 111.
[52] Vgl. Viertes Kapitel, Ziffer I, 2.
[53] Wenn *Maunz-Sigloch* u. a., § 13 BVGG, Anm. II, 3, S. 8 und *Geiger*, Kommentar, § 14 BVGG, Anm. 6 in diesem Zusammenhang von *Antrag* sprechen und zwischen diesem und der *Vorlage* nicht unterscheiden, so hat das sachlich keine Bedeutung, denn mit beiden Begriffen soll im Grunde dasselbe ausgedrückt werden. Das ergibt sich auch aus dem Gesetz: vgl. § 84 i. V. m. § 80 Abs. III BVGG, wo anstatt *Vorlage* der Terminus *Antrag* gebraucht wird. Siehe dazu auch *Eckl*, S. 112.

II. Völkerrechtsordnung und Normenqualifikationsentscheidung

Gerade in diesem Zusammenhang zeigt sich, daß es verfehlt wäre, die zivilprozessualen Streitgegenstandslehren für die Bestimmung des Entscheidungsgegenstandes im Normenqualifikationsverfahren zu Hilfe zu nehmen. Der in der Zivilprozeßlehre noch andauernde Streit, ob der Sachverhalt Element des Streitgegenstandes ist oder nicht[54], spielt für die Normenqualifikation nämlich keine Rolle. Denn es ist im Normenqualifikationsverfahren — anders als im Zivilprozeß — nicht denkbar, daß verschiedene materielle Ansprüche[55], die auch auf verschiedene Sachverhalte gestützt werden, nur auf ein und dasselbe prozessuale Begehren hinauslaufen. Gerade dieser im Zivilprozeß nicht selten auftretende Fall dürfte jedoch der Anlaß gewesen sein, den Sachverhalt gänzlich aus dem zivilprozessualen Streitgegenstandsbegriff auszuklammern.

Wenn das Bundesverfassungsgericht im Normenqualifikationsverfahren über die vom erkennenden Gericht gestellte Frage, ob eine allgemeine Regel des Völkerrechts Bestandteil des Bundesrechts ist, entscheidet, dann ist diese Entscheidung notwendig auf die im Zeitpunkt ihres Erlasses gegebene Rechtslage abgestellt. Denn das Bundesverfassungsgericht hat in seiner Funktion als Gericht nicht die Aufgabe, neue, die Rechtslage gestaltende Normen zu setzen, vielmehr soll es deren tatsächliche Beschaffenheit klären und Bestehendes feststellen[56]. Ob aber die in der Vorlage genannte allgemeine Regel Bestandteil des Bundesrechts ist, kann nur durch eine Würdigung des geltenden Völkerrechts festgestellt werden. Das Bundesverfassungsgericht muß alle für die in Frage stehende Regel relevanten völkerrechtlichen Tatsachen daraufhin untersuchen, ob jene überhaupt existiert und ob sie die für eine Inkorporierung auf Grund von Art. 25 GG notwendigen Voraussetzungen erfüllt. Es subsumiert gewissermaßen alle für die Entscheidung der in der Vorlage gestellten Frage dienenden, im Völkerrecht vorhandenen Tatsachen unter die Vorschrift des Art. 25 GG. Ergibt sich dabei, daß die genannte Regel eine allgemeine Regel des Völkerrechts ist, dann hat das, da die Inkorporierung automatisch stattfindet, die Feststellung zur Folge, daß sie Bestandteil des Bundesrechts ist. Andernfalls muß es die gegenteilige Feststellung treffen.

Die Normenqualifikationsentscheidung des Bundesverfassungsgerichts ergeht daher nicht allein über die abstrakte Frage, ob eine allgemeine Regel des Völkerrechts ‚X' Bestandteil des Bundesrechts ist, vielmehr

---

[54] So insbesondere *Schwab*, S. 190. Vgl. auch *Rosenberg*, § 88, II, 2.
[55] Im Normenqualifikationsverfahren werden überhaupt keine Ansprüche geltend gemacht, ebensowenig wie z. B im Normenkontrollverfahren. Zum letzteren vgl. BVerfG E 1/396 ff. (406 ff.), nach welchem es bei der Normenkontrolle zwar einen Antragsberechtigten, aber keinen Anspruchsberechtigten gibt.
[56] Vgl. dazu *Eckl*, S. 94 f.

4. Kap.: Ausmaß der Normenqualifikationsentscheidung

ist diese Frage, über die das Bundesverfassungsgericht entscheidet, konkretisiert durch die Gesamtheit der für die Feststellung der Regel wesentlichen völkerrechtlichen Tatsachen[57]. Daraus folgt auch, daß die vom erkennenden Gericht vorgelegte Frage immer als mit dem für die spezifische Regel relevanten geltenden Völkerrecht begründet und damit konkretisiert ist, und zwar auch dann, wenn das erkennende Gericht seiner Vorlage keine Begründung beifügt. Andernfalls wäre die Vorlage, da das Bundesverfassungsgericht nur befugt ist, über Bestehendes zu erkennen, gar nicht sinnvoll.

Entscheidet das Bundesverfassungsgericht im Normenqualifikationsverfahren notwendig immer darüber, ob eine allgemeine Regel des Völkerrechts auf Grund der für ihr Bestehen relevanten völkerrechtlichen Tatsachen Bestandteil des Bundesrechts ist, dann muß die Gesamtheit dieser Tatsachen auch als Element des Gegenstands der Normenqualifikationsentscheidung angesehen werden[58].

Dieser kann demzufolge als die in der Vorlage gestellte Frage nach der Zugehörigkeit eines Völkerrechtssatzes zum Bundesrecht auf der Grundlage der Gesamtheit der für die begehrte Entscheidung wesentlichen Tatsachen[59] des im Zeitpunkt der Entscheidung geltenden Völkerrechts definiert werden.

Dieser so beschriebene Entscheidungsgegenstand bestimmt den Inhalt und den Umfang der Normenqualifikationsentscheidung. Da nun die Gesetzeskraft nur der spezifischen Entscheidung Allgemeinverbindlichkeit verleihen kann, bedeutet dies, daß die Normenqualifikationsentscheidung ohne Rücksicht auf den Zeitablauf immer dann verbindlich ist, wenn eine Situation eintritt, in welcher der Gegenstand, über den das Bundesverfassungsgericht entschieden hat, der gleiche ist. Es müssen also sowohl die in der Vorlage des erkennenden Gerichts genannte Völkerrechtsregel als auch die für ihre Existenz relevanten völkerrechtlichen Tatsachen, auf welche das Bundesverfassungsgericht seine Entscheidung gründete, die gleichen sein, wenn die Verpflichtung zur Befolgung der gesetzeskräftigen Entscheidung eintreten soll.

Ist eine solche Situation gegeben, dann ist nicht nur jeder einzelne und jede staatliche Stelle, sondern auch das Bundesverfassungsgericht, im Falle einer erneuten Vorlage, an die gesetzeskräftige Normenqualifikationsentscheidung gebunden[60].

Haben sich hingegen die den Entscheidungsgegenstand bildenden Elemente verändert, dann kann die Gesetzeskraft der Normenqualifi-

---

[57] So auch *Windisch*, S. 135 f.
[58] Vgl. insbesondere *Eckl*, S. 166.
[59] Das gilt für alle Tatsachen, und zwar auch für solche, die vom Bundesverfassungsgericht übersehen worden sind.
[60] Zur Bindung des Bundesverfassungsgerichts an die gesetzeskräftigen Normenqualifikationsentscheidungen vgl. oben, Viertes Kapitel, Ziffer II.

II. Völkerrechtsordnung und Normenqualifikationsentscheidung 101

kationsentscheidung für die veränderte Lage keine Verbindlichkeit mehr verleihen, da das Bundesverfassungsgericht *insoweit* nicht entschieden hat.

Eine gesetzeskräftige Normenqualifikationsentscheidung ist folglich dann nicht verbindlich, wenn entweder im Verfahren nach Art. 100 Abs. II GG die Feststellung der Zugehörigkeit zum Bundesrecht einer im Vergleich zum Gegenstand einer früheren Entscheidung ganz anderen Völkerrechtsregel begehrt wird oder unabhängig von einer Normenqualifikation für irgendein Rechtsverhältnis zwischen zwei Bürgern oder zwischen einem Bürger und einer Behörde eine solche Regel eine Rolle spielt. Daß in diesen Fällen niemand an die Entscheidung gebunden ist, ist ohne weiteres einsichtig, denn über jene Völkerrechtsregel ist vom Bundesverfassungsgericht nicht gesetzeskräftig entschieden worden.

Die gesetzeskräftige Entscheidung äußert aber auch dann keine Wirkungen mehr, wenn nach ihrem Erlaß eine Veränderung im völkerrechtlichen Bereich eingetreten ist, welche Tatsachen betroffen hat, die Grundlage der Feststellung des Bundesverfassungsgerichts waren. Dadurch ist nämlich eine neue Rechtslage geschaffen worden, über die das Bundesverfassungsgericht nicht entschieden hat und die, kommt es zu einer neuen, aber dieselbe Völkerrechtsregel betreffenden Vorlage eines erkennenden Gerichts, auch einen neuen Entscheidungsgegenstand bedingt. Eine solche erneute Vorlage ist daher möglich, ihr steht die Gesetzeskraft der früheren Entscheidung nicht entgegen, denn obwohl sie dieselbe Völkerrechtsregel betrifft, wird sie durch einen, im Vergleich zu der Vorlage, die zu der früheren Normenqualifikationsentscheidung führte, ganz anderen völkerrechtlichen Tatsachenkomplex konkretisiert.

Es handelt sich dann bei der auf Grund der neuen Vorlage vom Bundesverfassungsgericht zu fällenden Normenqualifikationsentscheidung auch nicht um eine von der ersten abweichende Entscheidung, sondern um eine ganz neue Entscheidung, die mit jener in keiner Weise kollidiert.

Ebenso wie die Gesetzeskraft bei der durch einen Wandel im Völkerrecht bedingten veränderten Rechtslage einer neuen Vorlage und einer neuen Entscheidung des Bundesverfassungsgerichts nicht entgegensteht, so verpflichtet sie auch die einzelnen Bürger oder staatliche Stellen künftig nicht mehr zur Befolgung der Normenqualifikationsentscheidung, da diese für die neue Rechtslage weder gilt noch wirkt.

Die normative Kraft des innerstaatlich geltenden Völkerrechts ergibt sich dann ausschließlich aus diesem in Verbindung mit Art. 25 GG, ohne daß eine aus eigenem Rechtsgrund verpflichtende gesetzeskräftige Normenqualifikationsentscheidung hinzutritt. Diese ist vielmehr **nur noch** für solche Fälle verbindlich, für die, obwohl sie nach der im

Völkerrecht und damit auch im innerstaatlichen Recht eingetretenen Veränderung einer Beurteilung unterliegen, von der Rechtslage auszugehen ist, die vor der Veränderung im Völkerrecht gegeben war.

Für alle anderen Fälle hat die gesetzeskräftige Normenqualifikationsentscheidung keine Bedeutung mehr, und sie wird daher insoweit obsolet.

Die Richtigkeit dieses Ergebnisses zeigt sich auch bei einem Vergleich mit den Entscheidungen im Verfahren nach Art. 126 GG (§ 13 Nr. 14 BVGG), welches große Ähnlichkeit mit dem Verfahren nach § 13 Nr. 12 BVGG aufweist. Entscheidet das Bundesverfassungsgericht gemäß § 89 BVGG, daß ein bestimmtes Gesetz im gesamten Bundesgebiet als Bundesrecht fortgilt, dann gehören zum Gegenstand dieser Entscheidung auch das Gesetz sowie alle Tatsachen, die für dessen Fortgeltung als Bundesrecht relevant sind[61]. Beschließt nun der Bundesgesetzgeber die Aufhebung dieses Gesetzes, dann wird die Bundesverfassungsgerichtsentscheidung obsolet und kann nicht mehr wegen der ihr zukommenden Gesetzeskraft (§ 31 Abs. II BVGG) hinsichtlich der veränderten Rechtslage verbindlich sein.

Ebenso liegt aber der Fall, wenn im Normenqualifikationsverfahren festgestellt wurde, daß eine bestimmte allgemeine Regel des Völkerrechts Bestandteil des Bundesrechts ist und nach dieser Entscheidung auf Grund eines Wandels im Völkerrecht die Regel im zwischenstaatlichen Bereich und wegen Art. 25 GG auch innerstaatlich zu existieren aufhört.

Die gesetzeskräftige Normenqualifikationsentscheidung wird unter diesen Umständen obsolet und kann aus den oben erörterten Gründen keine verpflichtende Wirkung mehr ausüben.

Im übrigen ist man sich, unabhängig von dem Streit über den Inhalt des Streitgegenstandes, auch in der Zivil- und Verwaltungprozeßlehre darüber einig, daß die materielle Rechtskraft dann nicht mehr wirken kann, wenn sich nach der letzten Tatsachenverhandlung der der Entscheidung zugrunde liegende Sachverhalt in tatsächlicher Hinsicht verändert[62].

Der Grund dafür ist aber, ebenso wie bei der Gesetzeskraft der Normenqualifikationsentscheidungen, daß die materielle Rechtskraft nur die spezifische, durch den Streitgegenstand inhaltlich bestimmte Entscheidung erfassen kann. Treten nach der letzten mündlichen Verhandlung neue Tatsachen ein, dann kann die materielle Rechtskraft einer

---

[61] Vgl. *Eckl*, S. 148 f.
[62] Für den Zivilprozeß vgl.: *Lent-Jauernig*, § 63 V, S. 187; *Thomas-Putzo*, § 322, Anm. 7, d; *Habscheid*, S. 286; *Schwab*, S. 167; *Rosenberg*, § 150, III, 2 und BGH Z 37/375. Für den Verwaltungsprozeß vgl.: *Ule*, S. 182 f.; *Eyermann-Fröhler*, S. 573 und BVerwG E 6/321.

II. Völkerrechtsordnung und Normenqualifikationsentscheidung 103

neuen Entscheidung nicht entgegenstehen, da *insoweit* (§ 322 ZPO) nicht entschieden worden ist[63].

Zusammenfassend kann also gesagt werden, daß eine gesetzeskräftige Normenqualifikationsentscheidung, sobald eine die allgemeine Regel des Völkerrechts, die Gegenstand der Entscheidung war, betreffende Veränderung im Völkerrecht und damit auch im Staatsrecht eintritt, ihre Allgemeinverbindlichkeit verliert. Im Hinblick auf die durch die Veränderung entstandene neue Rechtslage ist niemand mehr an die Normenqualifikationsentscheidung gebunden. Ein Gericht kann daher, hat es Zweifel, ob durch die Veränderung die vom Bundesverfassungsgericht bejahte oder verneinte allgemeine Regeln des Völkerrechts erloschen bzw. entstanden ist oder aber ob diese sich inhaltlich gewandelt hat, diese Frage erneut dem Bundesverfassungsgericht vorlegen, wenn es sie mit der Veränderung im Völkerrecht begründet[64]. Stellt das Bundesverfassungsgericht daraufhin fest, daß wegen der Veränderung im Völkerrecht die frühere Normenqualifikationsentscheidung nicht mehr mit der gegenwärtigen Rechtslage übereinstimmt, dann erläßt es erneut eine dieselbe Regel betreffende gesetzeskräftige Entscheidung, die zwar inhaltlich der früheren Entscheidung widerspricht, diese aber dennoch nicht tangiert, weil es sich um eine neue, einen ganz anderen Fall betreffende Entscheidung handelt[65].

Auf Grund der vorstehenden Überlegungen kann daher festgestellt werden, daß die perpetuierliche und automatische Inkorporierung des allgemeinen Völkerrechts durch Art. 25 GG nicht von einer durch die Gesetzeskraft der Normenqualifikationsentscheidungen bedingten Ze-

---

[63] *Eyermann-Fröhler* (S. 573) kann hingegen nicht zugestimmt werden, wenn sie behaupten, daß die Rechtskraft unter der *clausula rebus sic stantibus* stehe. Denn die materielle Rechtskraft ist gegenüber Veränderungen des der Entscheidung zugrunde liegenden Sachverhalts neutral. Unter der *clausula rebus sic stantibus* steht allenfalls die Geltung der Entscheidung selbst, denn diese gilt für die durch die Veränderung eingetretene neue Sachlage nicht mehr. So auch OVG Berlin, in: NJW 1954, S. 775.
[64] *Stern*, Bonner Kommentar, Art. 100 GG, Rdnr. 261.
[65] Das BVerfG hat bisher zu dem hier behandelten Problemkreis, soweit ersichtlich, noch nicht eindeutig Stellung genommen. Zwar hat es aus Anlaß des Parteienfinanzierungsstreits (E v. 19. 7. 1966, in: NJW 1966, S. 1499 ff.) diese Frage im Zusammenhang mit der Normenkontrolle angeschnitten, hat es aber dahingestellt sein lassen, „ob bei einem grundlegenden Wandel der Lebensverhältnisse oder der allgemeinen Rechtsauffassung das Gericht auf Antrag erneut über die Verfassungsmäßigkeit *derselben* Rechtsnorm entscheiden könnte, deren Gültigkeit in einem früheren Verfahren bejaht worden ist" (S. 1500). Einen dahingehenden verfahrensrechtlichen Grundsatz hat es jedoch verneint.
In einer seiner ersten Entscheidungen (E 1/89 [90]) hat es jedoch festgestellt, daß die Verfassungsmäßigkeit eines Gesetzes endgültig feststeht, wenn sie vom BVerfG einmal bejaht worden sei.
Diese Ansicht ist jedoch auf Grund der oben im Text angestellten Überlegungen, die im wesentlichen auch auf die Normenkontrollentscheidungen zutreffen, abzulehnen.

mentierung der im Zeitpunkt der Verkündung der Entscheidungen gegebenen Rechtslage beeinträchtigt wird. Jede Veränderung des Völkerrechts überträgt sich vielmehr ohne weiteres auf das innerstaatliche Recht und kann dort, ohne von einer gesetzeskräftigen Normenqualifikationsentscheidung *blockiert* zu werden, regelnd auf das Rechtsleben Einfluß nehmen.

Ein Widerspruch zwischen einer gesetzeskräftigen Normenqualifikationsentscheidung und Art. 25 GG kann folglich insoweit nicht eintreten.

Dieses auf Grund prozessualer Erwägungen gefundene Ergebnis erweist sich auch, berücksichtigt man den Zweck der Verfassungsgerichtsbarkeit, insbesondere den des Normenqualifikationsverfahrens, als sinnvoll und richtig.

Aufgabe des Bundesverfassungsgerichts ist es, darüber zu wachen, daß das Rechtsleben im Staat im Einklang mit der Verfassung steht; daß diese und die Verfassungswirklichkeit nicht auseinanderklaffen. Sei es bei der Auslegung von Grundrechten oder bei Streitigkeiten zwischen Verfassungsorganen oder auch im Verfahren nach Art. 100 Abs. II GG, in jedem Fall ist es vordringliche Pflicht des Bundesverfassungsgerichts, den Gehalt der Verfassung zu aktualisieren[66] und dafür zu sorgen, daß sie in ihrem Bestand bewahrt wird. Nicht umsonst wird daher das Bundesverfassungsgericht auch als ‚Hüter der Verfassung' bezeichnet[67].

Primärer Zweck eines jeden Verfahrens vor dem Verfassungsgericht ist daher die Bewährung der Verfassung selbst. Auch in den Verfahren, wo es dem äußeren Anschein nach um die Verfolgung subjektiver Rechte geht, wo der einzelne Bürger mit einem Rechtsschutzbegehren, wie bei der Verfassungsbeschwerde, an das Bundesverfassungsgericht herantritt, ist das eigentliche Ziel des Verfahrens und der Entscheidung des Bundesverfassungsgerichts nicht darauf gerichtet, dem Antragenden die Durchsetzung seiner Rechte zu ermöglichen. Vielmehr steht auch in diesen Fällen die Aufgabe des Bundesverfassungsgerichts, als Hüter der Verfassung tätig zu sein, im Vordergrund. Der konkrete Streit und das einzelne Rechtsbegehren ist nur der Anlaß für das Bundesverfassungsgericht, seiner Aufgabe nachkommen zu können. Die durch das Urteil des Bundesverfassungsgerichts dann tatsächlich ermöglichte Durchsetzung der subjektiven Rechte des Rechtsschutzsuchenden ist daher nicht der eigentliche Zweck der Verfassungsgerichtsbarkeit, sondern nur der Reflex des durch die Bundesverfassungsgerichtsentscheidung im Einzelfall verwirklichten Schutzes der Verfassung.

---

[66] Vgl. BVerfG E 6/55 (72), wo es das BVerfG als eine seiner Aufgaben bezeichnet, „die verschiedenen Funktionen einer Verfassungsnorm, insbesondere eines Grundrechts, zu erschließen".
[67] z. B. *Geiger*, Kommentar, § 1 BVGG, Anm. 1.

II. Völkerrechtsordnung und Normenqualifikationsentscheidung 105

Ähnlich wie hier versteht auch das Bundesverfassungsgericht seine Aufgabe: „Auch da, wo es (das Bundesverfassungsgericht) über verletzte Rechte oder behauptete Pflichten entscheidet, steht es weniger im Dienste subjektiver Rechtsverfolgung als im Dienste objektiver Bewahrung des Verfassungsrechts. Aus diesen Erwägungen heraus bezeichnet Art. 93 Abs. I Nr. 1 GG als Gegenstand der Entscheidungen im Verfassungsstreit *die Auslegung dieses Grundgesetzes.* Das Gericht soll also die verfassungsrechtlichen Grundlagen klären und nicht eigentlich den Streit der Parteien durch eine vollstreckbare Entscheidung beenden[68]."

Auch bei den hier zu untersuchenden Normenqualifikationsentscheidungen ist dieser Zweck der Tätigkeit des Bundesverfassungsgerichts offenbar. Es würde dem Sinn des Verfahrens nach Art. 100 Abs. II GG nicht entsprechen, wollte man das Ziel einer Vorlage des erkennenden Gerichtes darin sehen, diesem eine Art ‚Entscheidungshilfe' durch das Bundesverfassungsgericht zu geben und der sich beim erkennenden Gericht auf eine allgemeine Regel des Völkerrechts berufenden Partei die Durchsetzung ihrer subjektiven Rechte durch die Entscheidung des Bundesverfassungsgerichts zu sichern[69].

Vielmehr zeigt sich gerade hier, daß der Zweck des Verfahrens ganz überwiegend auf die Durchsetzung und den Schutz der Verfassung ausgerichtet ist. Die erklärte Völkerrechtsfreundlichkeit des Grundgesetzes, die sich in der Inkorporierung des allgemeinen Völkerrechts in die innerstaatliche Rechtsordnung und dessen rangmäßiger Gleichsetzung mit Verfassungsnormen[70] manifestiert, soll durch das Bundesverfassungsgericht aktualisiert werden.

Besonders bei den allgemeinen Regeln des Völkerrechts, die zum überwiegenden Teil zum Völkergewohnheitsrecht gehören und die sich deshalb unbeeinflußt durch das innerstaatliche Rechtsleben im völkerrechtlichen Bereich fortentwickeln, ist die Unsicherheit hinsichtlich des tatsächlichen Verfassungsgehalts, d. h. ihrer durch die Inkorporierung erlangten Stellung als Bestandteil des Bundesrechts, und zwar des Verfassungsrechts, sehr groß. Um diese Unsicherheit zu beseitigen, d. h. um den tatsächlichen Verfassungsgehalt zu klären und dadurch zu

---

[68] BVerfG E 2/79 (86). Ebenso *Friesenhahn*, Die Verfassungsgerichtsbarkeit, S. 91: „Sämtliche Verfahren, mögen sie auch prozessual als Verfolgung eigener Rechte oder als Untersuchung subjektiven verfassungsschädlichen Verhaltens gestaltet sein, dienen letztlich der Bewährung der Verfassung in ihrem objektiven Bestande." Siehe auch *Geiger*, Kommentar, Einleitung, Anm. 1.
[69] Anders wohl *Maunz-Sigloch* u. a., § 81 BVGG, Rdnr. 22 für das Verfahren gemäß Art. 100 Abs. I GG, die dessen primäres Ziel in der Inzidententscheidung für das ausgesetzte Verfahren sehen.
[70] Vgl. zu dem hier vertretenen Standpunkt, wonach die allgemeinen Regeln des Völkerrechts den Rang von Verfassungsnormen ohne Gesetzesvorbehalt einnehmen, oben, Erstes Kapitel, Ziffer I, 2.

verhindern, daß sich die am innerstaatlichen Rechtsleben Beteiligten, insbesondere das erkennende Gericht, durch Mißachtung des auch für sie geltenden Völkerrechts in einen Widerspruch zum Grundgesetz setzen, ist das Bundesverfassungsgericht dazu berufen, verbindlich festzustellen, ob durch Art. 25 GG eine allgemeine Regel des Völkerrechts inkorporiert ist und welchen spezifischen Inhalt diese hat.

Wenn demgegenüber das Bundesverfassungsgericht neuerdings behauptet[71], daß das Verfahren nach Art. 100 Abs. II GG vornehmlich darauf abziele, die sich aus der Eingliederung des Völkerrechts für die Autorität des Gesetzgebers und die Rechtssicherheit ergebenden Gefahren auf das unvermeidbare Maß zu beschränken, so kann ihm nur bedingt zugestimmt werden.

Natürlich sind die vom Bundesverfassungsgericht aufgezeigten Gefahren unverkennbar. Sie beruhen aber darauf, daß der objektive Bestand der Verfassung unklar ist. Ist diese Unklarheit beseitigt, dann sind es auch die sich daraus ergebenden Gefahren für die Rechtssicherheit und die Autorität des Gesetzgebers. Der vom Bundesverfassungsgericht aufgezeigte Zweck des Normenqualifikationsverfahrens fällt weg, wenn der Verfassungsgehalt im Hinblick auf das inkorporierte allgemeine Völkerrecht geklärt ist. Da Voraussetzung für die Beschränkung der vom Bundesverfassungsgericht genannten Gefahren die Erforschung und die Klärung des objektiven Verfassungsrechts ist, diese also nur Folge der Unsicherheit hinsichtlich des Verfassungsgehalts sind, und das Bundesverfassungsgericht[72] selbst ausgesprochen hat, daß es „im Dienste objektiver Bewahrung des Verfassungsrechts" steht, ist auch die Beschränkung der Gefahren für die Rechtssicherheit[73] und die Autorität des Gesetzgebers nur von mittelbarer Bedeutung. Denn es ist kein Grund ersichtlich, der dafür spricht, daß gerade im Verfahren nach Art. 100 Abs. II GG der Hauptzweck nicht der Schutz der Verfassung, sondern der anderer Rechtsgüter sein soll, die ohnehin geschützt werden, wenn der sonst ganz allgemein geltende Zweck der Verfassungsgerichtsbarkeit verwirklicht wird.

Liegt also der Zweck der Verfassungsgerichtsbarkeit darin, die Verfassung zu schützen, sie in ihrem objektiven Bestand zu bewahren und ihren Gehalt zu verdeutlichen[74], dann würde die unbegrenzte, die Veränderungen im Völkerrecht und damit auch im deutschen Verfassungsrecht nicht berücksichtigende Wirkung gesetzeskräftiger Normen-

---
[71] BVerfG E v. 14. 5. 1968, in: NJW 1968, S. 1667 ff. (1671).
[72] BVerfG E 2/79 (86).
[73] Die Wahrung der Rechtssicherheit ist naturgemäß auch Zweck der Verfassungsgerichtsbarkeit, ebenso wie sie Zweck der Zivil- und der Verwaltungsgerichtsbarkeit ist. Zum Zivilprozeß vgl. *Rosenberg*, § 1, III, 2.
[74] In diesem Sinne auch *Triepel*, VVDStRL, Bd. 5, S. 5; *Draht*, S. 20 und *Scheuner*, DVBl 1952, S. 296.

II. Völkerrechtsordnung und Normenqualifikationsentscheidung

qualifikationsentscheidungen gerade eine Gefährdung der Verfassung und eine Vereitelung ihrer Ziele darstellen. Wäre nämlich durch eine gesetzeskräftige Normenqualifikationsentscheidung die im Zeitpunkt ihrer Verkündung geltende und von ihr erfaßte Rechtslage für alle Zukunft fixiert, dann könnte trotz des Art. 25 GG keine den Gegenstand der Entscheidung betreffende Veränderung im Völkerrecht innerstaatlich berücksichtigt werden. Die völkerrechtsfreundliche Tendenz des Grundgesetzes wäre damit faktisch in ihr Gegenteil verwandelt und die Verfassung selbst, nämlich Art. 25 GG und das durch diese Bestimmung inkorporierte Völkerrecht, im Einzelfall praktisch außer Kraft gesetzt.

Mit dem Zweck der Verfassungsgerichtsbarkeit, insbesondere der Normenqualifikation, wäre also eine unbegrenzte Wirkung gesetzeskräftiger Normenqualifikationsentscheidungen unvereinbar, weshalb das oben gefundene Ergebnis auch aus dieser Sicht bestätigt wird.

Fünftes Kapitel

Die Gesetzeskraft gemäß § 31 Abs. II BVGG und ihr Verhältnis zu Artikel 25 GG
(Schlußbetrachtung)

Im letzten Kapitel ist versucht worden, die Problematik der nur innerstaatlich, da jedoch wegen der Gesetzeskraft absolut wirkenden Normenqualifikationsentscheidungen des Bundesverfassungsgerichts aufzuzeigen. Es hat sich dabei erwiesen, daß die gesetzeskräftigen Normenqualifikationsentscheidungen nicht in jedem Fall die ihnen zugedachte Funktion im Rahmen der Inkorporierung der allgemeinen Regeln des Völkerrechts widerspruchslos erfüllen.

Dies liegt nun nicht daran, daß die Entscheidungsbefugnis über die innerstaatliche Geltung des allgemeinen Völkerrechts, falls ein Gericht in dieser Hinsicht Zweifel hegt, beim Bundesverfassungsgericht konzentriert ist. Vielmehr ist es die umfassende Wirkung der Normenqualifikationsentscheidungen, die Gesetzeskraft, durch die die Frage aufgeworfen wird, ob diese Entscheidungen ihre Aufgabe überhaupt zweckentsprechend erfüllen können.

Die Untersuchungen zur Gesetzeskraft von Normenqualifikationsentscheidungen haben gezeigt, daß diese, im Unterschied zur materiellen Rechtskraft, die nur prozessual von Bedeutung ist, materiellrechtlichen Charakter hat. Unabhängig von einem Rechtsstreit verpflichtet sie ihre Adressaten, und das sind jeder einzelne Bürger, jede Behörde und jedes sonstige staatliche Organ, zur unbedingten Befolgung der mit ihr versehenen Normenqualifikationsentscheidungen, wenn immer diese für eine Sachgestaltung einschlägig sind. Sie bewirkt mit anderen Worten, daß ihre Adressaten die Entscheidungen wie ein Gesetz anzuwenden haben.

Diese Wirkungsweise der Gesetzeskraft ist jedoch begrenzt auf das Bundesgebiet. Mag auch die Normenqualifikationsentscheidung selbst in gewissem Umfang Einfluß auf das Völkerrecht, z. B. als Indiz für die Geltung von völkerrechtlichem Gewohnheitsrecht, ausüben, mit der Gesetzeskraft hat diese Wirkung jedoch nichts zu tun. Denn die Gesetzeskraft kann, da sie durch ein Bundesgesetz den Normenqualifikationsentscheidungen beigelegt worden ist, räumlich die Allgemeinverbindlichkeit dieser Entscheidungen auch nur innerhalb des Bundesgebiets herbeiführen.

Durch die Gesetzeskraft der Normenqualifikationsentscheidungen wird also die von diesen betroffene, durch die Inkorporierung geschaffene Rechtslage im innerstaatlichen Bereich allgemein verbindlich festgelegt.

Die Aufgabe des Art. 25 GG, deren Erfüllung auch durch die gesetzeskräftigen Normenqualifikationsentscheidungen gewährleistet werden soll, geht demgegenüber dahin, eine kontinuierliche Einwirkung des allgemeinen Völkerrechts auf das innerstaatliche Recht zu ermöglichen. Art. 25 GG ist die Konkretisierung der Völkerrechtsfreundlichkeit des Grundgesetzes für den Bereich des allgemeinen Völkerrechts. Wäre diese Bestimmung nicht vorhanden, dann könnte das Völkerrecht keinen Eingang in die innerstaatliche Rechtsordnung finden, denn die staatlichen Souveränitätsschranken stünden ihm, geht man von dem von den Staaten praktizierten Dualismus aus, entgegen. Durch die auf Grund von Art. 25 GG durchgeführte automatische und perpetuierliche Inkorporierung der allgemeinen Regeln des Völkerrechts werden diese Schranken geöffnet, und es wird dem allgemeinen Völkerrecht ermöglicht, auf das innerstaatliche Rechtsleben regelnd Einfluß auszuüben.

Der Zweck des Art. 25 GG ist also darauf gerichtet, die Rechtsordnung der BRD dem allgemeinen Völkerrecht gegenüber zu öffnen und durch dessen Aufnahme eine möglichst widerspruchslose Übereinstimmung zwischen dem Völkerrecht und der innerstaatlichen Rechtsordnung zu erreichen.

Diese Übereinstimmung kann nun, geht man von den in der vorliegenden Arbeit gefundenen Ergebnissen aus, durch die Gesetzeskraft der Normenqualifikationsentscheidungen gefährdet und im Einzelfall sogar vereitelt werden. Denn die Gesetzeskraft, die die Allgemeinverbindlichkeit der Entscheidungen nur intern herbeiführen kann, birgt aus eben diesem Grund die Gefahr in sich, Widersprüche zwischen dem allgemeinen Völkerrecht und dem Staatsrecht zu begünstigen. Ihr wohnt die Tendenz inne, die von Art. 25 GG bezweckte Übereinstimmung der staatlichen Rechtsordnung mit dem Völkerrecht zu verhindern.

Diese Gefahr ist nur latent in den Fällen, in welchen das Bundesverfassungsgericht zutreffend über die Eigenschaft einer allgemeinen Regel des Völkerrechts als Bestandteil des Bundesrechts entschieden hat, denn dann stimmt die Normenqualifikationsentscheidung inhaltlich mit der durch Art. 25 GG geschaffenen innerstaatlichen Rechtslage überein.

Aber auch wenn sich in der Folgezeit die vom Bundesverfassungsgericht festgestellte Regel durch einen Wandel im Völkerrecht ändert, untergeht oder eine Völkerrechtsregel, deren Zugehörigkeit zum Bundesrecht deshalb verneint wurde, weil sie nicht als allgemeine Regel des Völkerrechts zu qualifizieren war, diese Eigenschaft erlangt, tritt ein Widerspruch zwischen der Gesetzeskraft der Normenqualifikationsentscheidungen und Art. 25 GG nicht ein. Denn in diesen Fällen äußert die gesetzeskräftige Normenqualifikationsentscheidung hinsichtlich der veränderten, neuen Rechtslage keine Wirkungen mehr. Da die Normenqualifikationsentscheidung ihrem Wesen nach Rechtsprechung ist, kann sie eine Aussage nur über die Rechtslage enthalten, die im Zeitpunkt ihres Erlasses bestand, und die Gesetzeskraft kann als Wirkung der Entscheidung dieser auch nur insoweit Allgemeinverbindlichkeit verleihen. Für die neue durch einen Wandel der Verhältnisse im Völkerrecht und wegen Art. 25 GG auch im innerstaatlichen Recht entstandene Rechtslage ist die gesetzeskräftige Normenqualifikationsentscheidung daher obsolet.

Jedoch kann schon in einem solchen Fall eine Beeinträchtigung der Funktion des Art. 25 GG durch die Gesetzeskraft eintreten.

Da ein Wandel der Völkerrechtsordnung hinsichtlich des Gewohnheitsrechts oder der allgemeinen Rechtsgrundsätze sich meist *schleichend*, d. h. ohne definitive Kundgabe vollzieht, und er daher erst auf Grund einer gründlichen Analyse aller Umstände erkennbar sein wird, besteht die Gefahr, daß die gesetzeskräftige Normenqualifikationsentscheidung, obwohl sie rechtlich keine verpflichtende Wirkung mehr äußert, weiter befolgt wird. Denn die von ihr Betroffenen werden, ist die Entscheidung für eine Sachgestaltung einschlägig, mangels anderweitiger, eindeutiger Feststellungen der veränderten rechtlichen Verhältnisse, sich an jene gebunden fühlen, da sie die einzige klare Fixierung der durch die Inkorporierung geschaffenen innerstaatlichen Rechtslage hinsichtlich des allgemeinen Völkerrechts ist. Die gesetzeskräftige Normenqualifikationsentscheidung erzeugt somit, ohne noch verbindlich zu sein, eine Art Rechtsschein, durch welchen der Zweck des Art. 25 GG auch vereitelt werden kann.

Ein offener Widerspruch zwischen der Wirkung der Gesetzeskraft einer Normenqualifikationsentscheidung und Art. 25 GG tritt jedoch dann ein, wenn das Bundesverfassungsgericht zu Unrecht die Zugehörigkeit einer allgemeinen Regel des Völkerrechts zum Bundesrecht bejaht, verneint oder aber, trotz irrtumsfreier Entscheidung hinsichtlich der Völkerrechtsregel als solcher, bestimmte durch diese begründete Rechte und Pflichten feststellt, die von ihr tatsächlich nicht begründet werden.

Ist ein solcher Fall gegeben, dann ist, da die Normenqualifikationsentscheidung in ihrer Wirksamkeit von ihrer inhaltlichen Richtigkeit nicht abhängig ist, jedermann an die unrichtige Entscheidung gebunden,

5. Kap.: Verhältnis von § 31 Abs. II BVGG und Art. 25 GG

und niemand kann mit der Behauptung, die Entscheidung sei falsch und deshalb nicht verbindlich, gehört werden. Die Folge davon ist, daß wegen der verpflichtenden Wirkung der Gesetzeskraft der Entscheidung die von Art. 25 GG tatsächlich geschaffene innerstaatliche Rechtslage nicht berücksichtigt werden kann, und daher z. B. die Geltung einer von Art. 25 GG inkorporierten allgemeinen Regel des Völkerrechts, deren Zugehörigkeit zum Bundesrecht vom Bundesverfassungsgericht irrtümlich verneint wurde, suspendiert ist.

Die von Art. 25 GG bezweckte Übereinstimmung zwischen dem innerstaatlichen Recht und dem Völkerrecht ist damit auf Grund der jeden einzelnen, jede Behörde und jedes sonstige staatliche Organ zur Befolgung der unzutreffenden Normenqualifikationsentscheidung verpflichtenden Gesetzeskraft unterbrochen. Sie steht also in diesem Fall im Widerspruch mit Sinn und Zweck des Art. 25 GG.

Abschließend kann somit festgestellt werden, daß im Gegensatz zu den Intentionen des Art. 25 GG, der eine widerspruchslose Übereinstimmung zwischen Völkerrecht und innerstaatlichem Recht herbeiführen soll, durch die Gesetzeskraft der Normenqualifikationsentscheidungen Widersprüche zwischen den beiden Rechtsordnungen begünstigt werden.

Obwohl ein solcher Widerspruch nur dann manifest wird, wenn das Bundesverfassungsgericht im Normenqualifikationsverfahren unzutreffend über die Inkorporierung einer allgemeinen Regel des Völkerrechts entscheidet, muß wohl, berücksichtigt man die der Gesetzeskraft der Normenqualifikationsentscheidungen generell innewohnende, dem Grundgedanken des Art. 25 GG widersprechende Tendenz, davon ausgegangen werden, daß § 31 Abs. II BVGG, soweit er die Gesetzeskraft für die Entscheidungen im Verfahren nach Art. 100 Abs. II GG (§ 13 Nr. 12 BVGG) normiert, verfassungswidrig und daher unwirksam ist.

Literaturverzeichnis

Adamovich, L.: Handbuch des österreichischen Verfassungsrechts, 5. Auflage 1957

Anschütz, G.: Die Verfassung des Deutschen Reichs (Kommentar), 14. Auflage 1933

Arndt, A.: Das Bundesverfassungsgericht, DVBl 1951, S. 297 ff. und DVBl 1952, S. 1 ff.

Bachof, O.: Das Bundesverfassungsgericht und die Beamtenverhältnisse, DÖV 1954, S. 33 ff.

Barandon, P.: Die Vereinten Nationen und der Völkerbund in ihrem rechtsgeschichtlichen Zusammenhang, 1948

Bargou, H. E.: Untersuchungen zur Normenprüfung nach dem Bonner Grundgesetz und dem Bundesverfassungsgerichtsgesetz, Dissertation Erlangen 1954

Baring, M.: Die Bindung an die Urteile des Bundesverfassungsgerichts vom 17. Dezember 1953, ZBR 1954, S. 65 ff.

Baumbach - Lauterbach: Zivilprozeßordnung, 28. Auflage 1965.

Baxter, R. R.: Multilateral Treaties As Evidence Of Customary International Law, The British Year Book Of International Law 1965/1966, Band XLI, 1968, S. 275 ff.

Behr, Chr.: Die Rechtskraft der Entscheidungen des Staatsgerichtshofes, AöR NF, Band 17, S. 436 ff., 1929

Berber, Fr.: Lehrbuch des Völkerrechts, Band I, Allgemeines Friedensrecht, 1960.

Betge, W.: Die Stellung des Richters zum Völkerrecht auf Grund des Art. 4 der neuen Reichsverfassung, DRiZ 1925, S. 532 ff.

Bettermann, K. A.: Zur Verfassungsbeschwerde gegen Gesetze, AöR NF, Band 47, S. 129 ff.

— Die Wiedereinweisung des verurteilten Räumungsschuldners als Rechtskraftproblem, MDR 1950, S. 265 ff.

— Über die materielle Rechtskraft verwaltungsgerichtlicher Urteile, MDR 1954, S. 7 ff.

— Über richterliche Normenkontrolle, ZZP Band 72, S. 32 ff.

— Die freiwillige Gerichtsbarkeit im Spannungsfeld zwischen Verwaltung und Rechtsprechung, Festschrift für Friedrich Lent, 1957, S. 17 ff.

Böckenförde, Chr.: Die sogenannte Nichtigkeit verfassungswidriger Gesetze, Schriften zum Öffentlichen Recht, Band 33, 1966

Bötticher, E.: Kritische Beiträge zur Lehre von der materiellen Rechtskraft im Zivilprozeß, 1930

Bogs, W.: Bindung des Fallrichters an verfassungskonforme Gesetzesauslegung, DVBl 1965, S. 633 ff.

Bruns, H. J.: Bindet Die Rechtskraft Deklaratorischer Urteile Der Zivil- Und Verwaltungsgerichte Auch Den Strafrichter? Festschrift für Friedrich Lent, 1957, S. 107 ff.

Burmeister, J.: Die Verfassungsorientierung der Gesetzesauslegung, 1966

Bursche: Die Bindung an das Beamtenurteil des Bundesverfassungsgerichts, DVBl 1954, S. 597 ff.

Cavalgier, A.: Règles Générales du Droit de la Paix, RC Band 26, 1929 I, S. 311 ff.

Cheng, B.: General Principles of Law as a Subject for International Codification, Current Legal Problems, Vol. 4 1951, S. 35 ff.

Coester, R.: Die Rechtskraft der Staatsakte, 1927

Curtius, C. F.: Völkerrechtliche Schranken der Änderung des Grundgesetzes, DÖV 1955, S. 145 f.

Dahm, G.: Völkerrecht, Band I, 1958, Band II, 1961

Doehring, K.: Der „Pouvoir neutre" und das Grundgesetz, Der Staat, Band 3, 1964, S. 201 ff.

— Die allgemeinen Regeln des völkerrechtlichen Fremdenrechts und das deutsche Verfassungsrecht, Beiträge zum ausländischen öffentlichen Recht und Völkerrecht, Band 39, 1963

Draht, M.: Die Grenzen der Verfassungsgerichtsbarkeit, Veröffentlichungen der Vereinigung der Deutschen Staatsrechtslehrer, Heft 9, 1950, S. 17 ff.

Eckl, P.: Der Streitgegenstand im Verfassungsprozeß, Dissertation München 1956

Eller, H.: Die Bindung der Landesverfassungsgerichte an die Entscheidungen des Bundesverfassungsgerichts und der anderen Landesverfassungsgerichte, Dissertation Bonn 1963

Eyermann - Fröhler: Verwaltungsgerichtsordnung (Kommentar), 3. Auflage 1962

Federer, J.: Aufbau, Zuständigkeit und Verfahren des Bundesverfassungsgerichts, Das Bundesverfassungsgericht, 1963

Finch, G. A.: Les Sources Modernes Du Droit International, RC Band 53, 1935 III, S. 535 ff.

Flad, W.: Verfassungsgerichtsbarkeit und Reichsexekution, 1929

Forsthoff, E.: Die Umbildung des Verfassungsgesetzes, Festschrift für Carl Schmitt, 1959, S. 35 ff.

— Lehrbuch des Verwaltungsrechts, 1. Band, Allgemeiner Teil, 9. Auflage 1966

— Das Bundesverfassungsgericht und das Berufsbeamtentum, DVBl 1954, S. 69 ff.

Friesenhahn, E.: Die Staatsgerichtsbarkeit, Handbuch des Deutschen Staatsrechts, Band II, 1932, S. 523 ff.

— Die Verfassungsgerichtsbarkeit in der Bundesrepublik, Sonderabdruck aus: „Verfassungsgerichtsbarkeit in der Gegenwart", Beiträge zum ausländischen öffentlichen Recht und Völkerrecht, Band 36, 1961

Geiger, W.: Die Grenzen der Bindung verfassungsgerichtlicher Entscheidungen, NJW 1954, S. 1057 ff.

— Gesetz über das Bundesverfassungsgericht (Kommentar), 1952

Geiger, W.: Die Beziehungen zwischen der Bundesverfassungsgerichtsbarkeit und der übrigen Gerichtsbarkeit im Bunde auf Grund des Bundesverfassungsgerichtsgesetzes, DRiZ 1951, S. 172 ff.

Giacometti, Z.: Die Verfassungsgerichtsbarkeit des Schweizerischen Bundesgerichts, 1933

Giese, Fr.: Die Verfassung des Deutschen Reiches, 8. Auflage 1931

Goessel, M.: Organstreitigkeiten innerhalb des Bundes, 1961

Goodrich and *Hambro*: Charter of the United Nations (Commentary and Documents), Second And Revised Edition, Boston 1949

Grau, R.: Zum Gesetzentwurf über die Prüfung der Verfassungsmäßigkeit von Reichsgesetzen und Reichsverordnungen, AöR, Band 11, S. 287 ff., 1926

Groß, W.: Die Normenkontrolle in der Rechtsprechung des Bundesverfassungsgerichts, DRiZ 1965, S. 363 ff.

Guggenheim, P.: Völkerrecht und Landesrecht, Wörterbuch des Völkerrechts (Strupp - Schlochauer), Band 3, 2. Auflage 1962, S. 651 ff.

— Völkerrechtliche Schranken im Landesrecht, Schriftenreihe der Juristischen Studiengesellschaft Karlsruhe, Heft 16, 1955

— Les Principes De Droit International Public, RC Band 80, 1952 I, S. 1 ff.

Haak, V.: Normenkontrolle und verfassungskonforme Gesetzesauslegung des Richters, 1963

Habscheid, W. J.: Der Streitgegenstand im Zivilprozeß und im Streitverfahren der freiwilligen Gerichtsbarkeit, 1956

Härle, E.: Die allgemeinen Rechtsgrundsätze im Völkerrecht, Zeitschrift für öffentliches Recht, Band XI, 1931, S. 206 ff.

Halsbury, Earl of: Halsbury's Laws of England, 2. Auflage 1932, Vol. VI

Hatschek, J.: Deutsches und Preussisches Staatsrecht, Band I, 1922

Heller, H.: Die Souveränität, 1927

Henke, W.: Verfassung, Gesetz, Richter. Der Staat, 1964, S. 433 ff.

Hensel, A.: Die Rangordnung der Rechtsquellen, insbesondere das Verhältnis von Reichs- und Landesgesetzgebung, Handbuch des Deutschen Staatsrechts, Band II, 1932, S. 313 ff.

Higgins, R.: The Development of International Law through the Political Organs of the United Nations, 1963

Holtkotten, H.: Bonner Kommentar, Erstbearbeitung der Artikel 93 und 94 des Grundgesetzes

Ipsen, H. P.: Über das Grundgesetz, 2. Auflage 1964

— Grundgesetz und richterliche Prüfungszuständigkeit, DV 1949, S. 486 ff.

Jaenicke, G.: Völkerrechtsquellen, Wörterbuch des Völkerrechts (Strupp - Schlochauer), 2. Auflage 1962, Band 3, S. 766 ff.

Jerusalem, F. W.: Die Staatsgerichtsbarkeit, 1930

Jesch, D.: Zur Bindung an Entscheidungen des Bundesverfassungsgerichts über die Verfassungsbeschwerden, JZ 1954, S. 528 ff.

Johnson, D. H. N.: The Effect Of Resolutions Of The General Assembly Of The United Nations, The British Year Book Of International Law, Band 32, 1955/56, S. 97 ff.

Kadenbach, E.: Zur bindenden Wirkung der Entscheidungen des Bundesverfassungsgerichts, AöR NF, Band 41, S. 385 ff.

Kaufmann, E.: Die Grenzen der Verfassungsgerichtsbarkeit, Veröffentlichungen der Vereinigung der Deutschen Staatsrechtslehrer, Heft 9, 1950, S. 1 ff.
— Normenkontrollverfahren und völkerrechtliche Verträge, Gedächtnisschrift für Walter Jellinek, 1955, S. 445 ff.
Kimminich, O.: Das Völkerrecht in der Rechtsprechung des Bundesverfassungsgerichts, AöR, Band 93, 1968, S. 485 ff.
Kraus, H.: Der deutsche Richter und das Völkerrecht, Festschrift für Rudolf Laun, 1953, S. 223 ff.
Kunz, J. L.: The changing law of nations, American Journal Of International Law, Vol. 51, 1957, S. 77 ff.
— La Crise et Les Transformations Du Droit Des Gens, RC Band 88, 1955 II, S. 1 ff.
Lammers - Simons: Die Rechtsprechung des Staatsgerichtshofs für das deutsche Reich und des Reichsgerichts auf Grund Artikel 13 Absatz II der Reichsverfassung, Band II, 1929
Landsberg-Velen, W. von: Die konkrete Normenkontrolle nach Artikel 100 I des Grundgesetzes, Dissertation Bonn 1963
Lassar, G.: Ein Beschluß des Reichsgerichts auf Grund des Artikel 13 Abs. II der Reichsverfassung, AöR NF, Band 1, S. 98 ff.
Lechner, H.: Bundesverfassungsgerichtsgesetz, 2. Auflage 1967
Leibholz, G.: Die Stellung des Bundesverfassungsgerichts im Rahmen des Bonner Grundgesetzes, Politische Vierteljahresschrift, 1962, Heft 1, S. 13 ff.
— Verfassungsgerichtsbarkeit im demokratischen Rechtsstaat, Strukturprobleme der Modernen Demokratie, S. 168 ff.
Leibholz - Rupprecht: Bundesverfassungsgerichtsgesetz (Rechtsprechungskommentar), 1968
Lent - Jauernig: Zivilprozeßrecht (Ein Studienbuch), 12. Auflage 1965
Limburg, M.: L'Autorité De Chose Jugée Des Décisions Des Jurisdictions Internationales, RC Band 30, 1929 V, S. 523 ff.
Lüke, G.: Der Streitgegenstand im Verwaltungsprozeß, Jus 1967, S. 1 ff.
Mangoldt, H. von: Das Bonner Grundgesetz (Kommentar), 1953
Mangoldt, von - Klein: Das Bonner Grundgesetz (Kommentar), 2. Auflage von Fr. Klein, Band 1, 1957
Mann, F. A.: Völkerrecht im Prozeß, Süddeutsche Juristen-Zeitung 1950, S. 545 ff.
Massing, O.: Recht als Korrelat der Macht, Der CDU-Staat 1967 (Herausgeber: Gert Schäfer und Carl Nedelmann), S. 123 ff.
Maunz, Th.: Deutsches Staatsrecht, 13. Auflage 1964
Maunz - Dürig: Grundgesetz (Kommentar), Band I und II
Maunz - Sigloch - Schmidt - Bleibtreu - Klein: Bundesverfassungsgerichtsgesetz, 1964 ff.
Menger, Ch. Fr.: System Des Verwaltungsgerichtlichen Rechtsschutzes, 1954
Menzel, E.: Bonner Kommentar, Kommentierung von Artikel 25 GG
— Grundprobleme der Ermittlung, Anwendung und Geltung von Normen des Völkerrechts, Jus 1963, S. 41 ff.
Métall, R. A.: Das allgemeine Völkerrecht und das innerstaatliche Verfassungsrecht, Zeitschrift für Völkerrecht, 1927, Band 14, S. 161 ff.

Mohr, E.: Die Transformation des Völkerrechts in deutsches Reichsrecht, Internationale Abhandlungen, Band 22, 1934

Mosler, H.: Das Völkerrecht in der Praxis der deutschen Gerichte, Schriftenreihe der Juristischen Studiengesellschaft Karlsruhe, Heft 32/33

— Die Gewährleistung des Völkerrechts durch die nationale Verfassung, dargestellt am Grundgesetz der Bundesrepublik Deutschland, Problèmes Contemporains de Droit Comparé, Band I, 1963, S. 157 ff.

— L'Application Du Droit International Public Par Les Tribunaux Nationaux, RC Band 91, 1957 I, S. 625 ff.

Münch, F.: Droit International et Droit Interne d'après la Constitution de Bonn, Revue Internationale Française Du Droit des Gens, 1950, S. 5 ff.

— Das Verfahren des Bundesverfassungsgerichts nach Art. 100 II GG, JZ 1964, S. 163 ff.

Nawiasky, H.: Die Grundgedanken des Grundgesetzes für die Bundesrepublik Deutschland, 1950

Oltmann, G.: Die Wirkungen der Entscheidungen des Bundesverfassungsgerichts, besonders die bindende Wirkung nach § 31 I Bundesverfassungsgerichtsgesetz, Dissertation Heidelberg 1955

Partsch, K. J.: Die Anwendung des Völkerrechts im innerstaatlichen Recht, Berichte der Deutschen Gesellschaft für Völkerrecht, Heft 6, 1964

Pfeiffer, G.: Die Verfassungsbeschwerde in der Praxis, 1959

Pigorsch, W.: Die Einordnung völkerrechtlicher Normen in das Recht der Bundesrepublik Deutschland, 1959

Pohle, R.: Bemerkungen über Verfassungsbeschwerde und Normenkontrolle nach Bundes- und Landesrecht, 1953

Reinhardt, R.: Das Bundesverfassungsgericht und das Gesetz zu Art. 131 GG, RdA 1954, S. 41 ff.

Rosenberg, L.: Lehrbuch des Deutschen Zivilprozeßrechts, 9. Auflage 1961

Rudolf, W.: Völkerrecht und deutsches Recht, 1967

Sauer, W.: System des Völkerrechts, Eine lehrbuchmäßige Darstellung, 1952

Schaefer, R.: Die Gesetzeskraft richterlicher Entscheidungen, Dissertation Bonn 1955

Schäfer, H.: Gesetzeskraft und bindende Wirkung der Entscheidungen des Bundesverfassungsgerichts, NJW 1954, S. 1465 ff.

Scheuner, U.: Die Rechtsprechung des Bundesverfassungsgerichts und das Verfassungsrecht der Bundesrepublik, DVBl 1952, S. 613 ff.

— Das Bundesverfassungsgericht und die Bindungskraft seiner Entscheidungen, DÖV 1954, S. 641 ff.

— Probleme und Verantwortungen der Verfassungsgerichtsbarkeit in der Bundesrepublik, DVBl 1952, S. 293 ff.

Schmitt, C.: Der Hüter der Verfassung, 1931

— Verfassungslehre, 3. Auflage 1957

Schneider, H.: Die Verbindlichkeit von Entscheidungen des Bundesverfassungsgerichts, DVBl 1954, S. 184 ff.

Schnorr: Die Frage der bindenden Wirkung der fünf Entscheidungen des BVerfG zum Gesetz zu Art. 131 GG, RdA 1954, S. 95 ff.

Schoen, X: Die Normenprüfung durch den Verwaltungsgerichtshof, Gedächtnisschrift für Walter Jellinek, 1955, S. 407 ff.

Schönke - Schröder - Niese: Zivilprozeßrecht, 8. Auflage 1956

Scholtissek, W.: Die allgemeinen Regeln des Völkerrechts im Sinne des Artikel 25 des Grundgesetzes, Dissertation Mainz 1953

Schrag, H.: Die Bindungswirkung der Entscheidungen des Bundesverfassungsgerichts, Dissertation Tübingen 1958

Schübbe, G.: Wesen und Rang der allgemeinen Regeln des Völkerrechts im Sinne des Artikel 25 Grundgesetz, Dissertation Münster 1956

Schultz, L.: Die sowjetische Völkerrechtslehre, JIR, Band 5, 1954, S. 78 ff.

Schuhmann, E.: Verfassungs- und Menschenrechtsbeschwerde gegen richterliche Entscheidungen, 1963

Schwab, K. H.: Der Streitgegenstand im Zivilprozeß, 1954

Schwelb, E.: Neue Etappen der Fortentwicklung des Völkerrechts durch die Vereinten Nationen, Archiv des Völkerrechts, Band 13, 1. Heft, 1966, S. 1 ff.

Seidl-Hohenveldern, I.: Grundgesetz und Völkerrecht, Annales Universitatis Saraviensis, Band VIII, 1960, S. 51 ff.

— Völkerrecht, 2. Auflage 1969

Sellschopp, H.: Die Gesetzeskraft der Entscheidungen des Bundesverfassungsgerichts, DÖV 1954, S. 324 ff.

Skubiszewski, K.: Enactment Of Law By International Organisations, The British Yearbook Of International Law, 1965/66, Band XLI, 1968, S. 198 ff.

Sørensen, M.: Principes De Droit International Public, RC Band 101, 1960 III, S. 5 ff.

Spiropoulus, J.: Die allgemeinen Rechtsgrundsätze im Völkerrecht, 1928

Stein - Jonas - Schönke - Pohle: Kommentar zur Zivilprozeßordnung, 18. Auflage 1953

Stern, K.: Bonner Kommentar, Zweitbearbeitung der Artikel 100 GG (1967) und 94 GG (1965)

— Gesetzesauslegung und Auslegungsgrundsätze des Bundesverfassungsgerichts, Dissertation München 1956

Stumpfe, W.: Die allgemeinen Regeln des Völkerrechts im Sinne des Artikel 25 des Grundgesetzes für die Bundesrepublik Deutschland vom 23. Mai 1949 und der Satz „pacta sunt servanda", Dissertation Zürich 1964

Thieme, W.: Zum Problem der Bindung aller Gerichte und Behörden an die Entscheidungen des Bundesverfassungsgerichts, ZBR 1954, S. 193 ff.

Thoma, R.: Grundbegriffe und Grundsätze, Handbuch des Deutschen Staatsrechts, Band II. 1932. § 71. S. 108 ff.

Thomas - Putzo: Zivilprozeßordnung, 2. Auflage 1965

Tomuschat, Chr.: Deutsche Rechtsprechung in völkerrechtlichen Fragen, 1958 bis 1965, Teil A, ZaöRV, Band 28, 1968, S. 48 ff.

Triepel, H.: Völkerrecht und Landesrecht, 1899

— Streitigkeiten zwischen Reich und Ländern (Beiträge zur Auslegung des Art. 19 der Weimarer Reichsverfassung), 1923, aus: Festgabe der Berliner Juristischen Fakultät für Wilhelm Kahl, Sonderausgabe der Wissenschaftlichen Buchgesellschaft, Darmstadt

— Wesen und Entwicklung der Staatsgerichtsbarkeit, Veröffentlichungen der Vereinigung der Deutschen Staatsrechtslehrer, Heft 5, 1929, S. 1 ff.

Tunkin, G. J.: Co-Existence and International Law, RC Band 95, 1958 III, S. 1 ff.

Vallat, F. A.: The Competence Of The United Nations General Assembly, RC Band 97, 1959 II, S. 207 ff.

Verdross, A.: Kann die Generalversammlung der Vereinten Nationen das Völkerrecht weiterbilden?, ZaöRV, Band 26, 1966, S. 690 ff.

— Règles Générales Du Droit International De La Paix, RC Band 30, 1929 V, S. 275 ff.

— Völkerrecht, 4. Auflage 1959

— Les principes généraux de droit comme source du droit des gens, Annuaire de L'Institut de droit international, 1932, S. 283 ff.

Visscher, P. de: Les Tendances Internationales Des Constitutions Modernes, RC Band 80, 1952 I, S. 515 ff.

Ule, C. H.: Verwaltungsprozeßrecht (Ein Studienbuch), 2. Auflage 1961

Wach, A.: Der Rechtsschutzanspruch, Zeitschrift für Deutschen Zivilprozeß, Band 32, 1904, S. 1 ff.

Wacke, G.: Die Erstattung von Gutachten durch den Bundesfinanzhof, AöR NF, Band 44, 1958, S. 309 ff.

Walz, G. A.: Völkerrecht und staatliches Recht, 1933

Wengler, W.: Zur bindenden Wirkung des Konkordatsurteil, NJW 1957, S. 1417 ff.

Willms, G.: Die Formen gerichtlicher Bindung und der Beschluß des Bundesverfassungsgerichts vom 8. 12. 1952, NJW 1953, S. 481 ff.

— Was bindet nach § 31 I Bundesverfassungsgerichtsgesetz?, JZ 1954, S. 525 ff.

Wilson, G. G.: Handbook of International Law, 3. Auflage 1939

Windisch, E.: Die Gesetzeskraft der Entscheidungen des Bundesverfassungsgerichts, Dissertation Frankfurt/M 1956

Wintrich - Lechner: Die Verfassungsgerichtsbarkeit, Die Grundrechte, Band III/2, 1959, S. 711 ff.

Zeuner, A.: Über die Geltungsdauer der Entscheidungen des Bundesverfassungsgerichts und die Möglichkeit späterer abweichender Entscheidungen, DÖV 1955, S. 335 ff.

Printed by Libri Plureos GmbH
in Hamburg, Germany